EBS 지식채널 ⓔ × 생각의 힘

EBS 지식채널 ⓔ

× 생각의 힘

지식채널 ⓔ 제작팀 지음

EBS BOOKS

HOMO BOOKERS
HOMO FABER

HOMO SAPIENS
HOMO QUAERENS

T H I N K I N G

PART 1

읽기

호모부커스, 나는 읽어야 산다

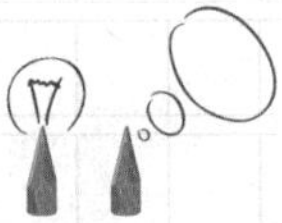

PART 2

쓰기

호모파베르, 내 삶의 도구는 '글'이다

PART 3

사색하기

호모사피엔스, 나의 생존 전략은 생각의 힘

PART 4

질문하기

호모콰렌스, 질문 없는 A+ 인생을 사는 당신에게

HOMO

PART

1

읽기

호모부커스,
나는 읽어야 산다

— BOOKERS

내겐 너무 무거운 책

나를 잊지 말아요

물론 읽지는 않았습니다

당신을 밑줄 긋다

HOMO BOOKERS

01

내겐 너무 무거운 책

ON AIR 20201019

작고 가벼운 책, 페이퍼백의 탄생

20세기 초, 영국에서 책을 읽는 방법은 두 가지였다.
그중 한 가지는 돈을 주고 사서 읽는 것.
하지만 당시 영국에서 출판되던 책은
대부분 호화로운 표지에 견고하게 제본한 양장본으로
서민들은 엄두도 못 낼 비싼 가격이었다.

또 다른 방법은 도서관에서 빌려 읽는 것.
하지만 책을 빌리는 데 필요한 도서관 출입증은
경제력과 남다른 자격을 갖춘
소수의 특권층에게만 주어졌다.

'도서관 분위기에 걸맞은 인격을 갖추고 있는가?'
그것은 서민들은 가질 수 없는 경계 너머의 것이었다.

책을 마음대로 선택할 수 없는 현실….
'사람들이 책을 마음껏 읽게 할 방법이 없을까?'라는
한 출판업자의 단순한 생각이 책의 운명을 바꾸어놓았다.

어느 날 기차를 기다리며 무료함을 달래기 위해
역 안 서점에 들른 출판업자는 '저렴한 책은 내용이 가볍고
읽고 싶은 책은 너무 비싸다'는 사실을 발견한다.
그리고 좋은 책을 원하는 사람 누구나 읽을 수 있도록
페이퍼백Paperback으로 만들면 어떨까 하는
아이디어를 떠올린다.

책을 안 보는 사람은 있어도 책을 못 보는 사람은 없게 만든
가벼운 책이 완수한 무거운 임무.

'책은 소장하는 것이 아니라 읽어야 하는 것이다.'
책의 소명을 일깨워준 한 출판업자의 노력으로
영국 사람들은 책을 읽을 수 있는 자유를 갖게 되었다.

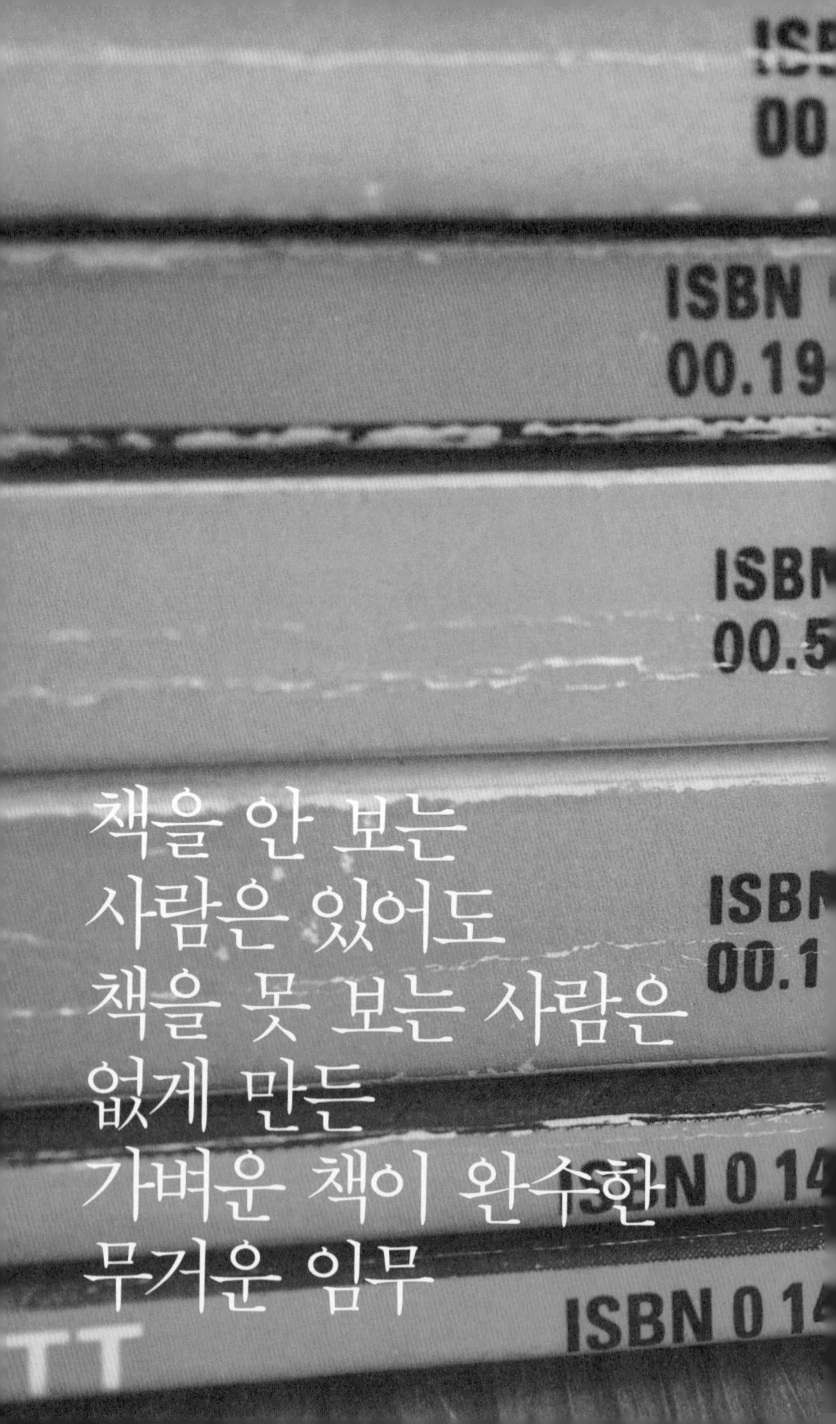

책을 안 보는
사람은 있어도
책을 못 보는 사람은
없게 만든
가벼운 책이 완수한
무거운 임무

506 6
1465 5

가벼운 책이 완수한 무거운 임무, 페이퍼백의 유행

1934년 영국의 어느 기차역에 들어선 한 남자. 출판사 편집장인 그는 인기 추리소설 작가 애거사 크리스티를 만나고 런던으로 돌아가던 길이었다. 기차 안에서 읽을 만한 책을 사기 위해 역안 서점에 들른 그는 이내 실망하고 만다. 그곳에는 잡지와 빅토리아 시대 소설밖에 없었기 때문이다.

순간 그의 머릿속에 한 가지 생각이 떠올랐다. '누구나 읽고 싶어 하는 좋은 책을 최소한의 비용으로 만들어 보급하면 어떨까.' 그는 성인 손바닥만 한 크기의 작고 가벼운 책을 양장본의 6분의 1 수준인 6펜스(당시 담배 한 갑 가격) 정도의 가격에 팔 수 있도록 만들어보기로 했다.

물론 이러한 시도가 처음은 아니었다. 저렴한 보급판 페이퍼백의 정착을 위한 노력은 16세기부터 계속되었다. 하지만 번번이 정착에는 실패했다. '저렴한 책은 기존 출판 시장에 위협이 된다'는 출판업계, '이윤이 남지 않아서 팔 수 없다'는 서점업계. 수많은 견제와 냉대 속에서 그는 페이퍼백의 보급을 포기하지 않았고, 결국 만들어냈다. 그가 바로 출판업자 앨런 레인Allen Lane이다.

그가 책을 들고 처음 향한 곳은 6펜스 이하의 물건을 파는 울워스 백화점이었다. 양말과 리본 사이에 놓인 책은 애거사 크리스티와 어니스트 헤밍웨이의 소설. 놀랍게도 이 책들은 '첫해에만 300만 권이 팔린 가벼운 책'이라는 명성을 얻게 되었다. 이 가벼운 책은 부자들의 서재와 도서관의 서가를 넘어 신사의 양복 윗옷 주머니, 군인의 바지 주머니, 노동자의 가방에 사뿐히 담겨 언제 어디서나 함께하며 전 세계로 퍼져나갔다. 이렇게 탄생한 것이 바로 페이퍼백의 대명사 '펭귄북스'다.

그렇다면 조선 시대 우리 선조들의 독서환경은 어땠을까? 우리 선조들도 아무나 책을 자유롭게 가까이할 수는 없었다. 책은 양반들의 전유물이었기 때문이다.

학자이자 규장각 검서관이었던 이덕무李德懋는 소문난 책벌레였다. 지독한 가난 때문에 책을 살 수 없어 집에는 책이 없었으나, 평생 읽은 책이 거의 2만 권이 넘었고 손수 베낀 승두세자蠅頭細字(파리만큼 작은 글자) 또한 수백 권에 이르렀다. 어느 날 이덕무는 굶주린 어린 자식들을 보다 못해 돈으로 바꿀 수 있는, 집에 있던 유일한 책 『맹자』 한 질을 200전에 팔아 곡식을 샀다. 당시 그는 '나에게는 책 한 질도 허락될 수 없는 사치였던가. 마음이 몹시 어지럽구나' 하며 서글퍼했다.

책도 종이도 귀하던 시절, 문자를 해독하는 능력과 책을 읽는 행위는 모두 지배계층이 독점했다. 그러나 여성은 지배계층이라 해도 문자 해독과 독서에서 배제되었다. 17세기에 이르러서야 유교 경전을 이해하고 시문을 남기는 양반 부녀자들이 등장하기 시작했다. 이후 18세기 들어서는 양반 부녀자들의 학문과 문예 활동이 활발해졌고, 영·정조 대에는 국문 소설의 보급과 독서 열풍이 여성들의 의식을 일깨웠다.

임윤지당, 강정일당과 같은 여성들이 허난설헌의 뒤를 이어나갔다. 임윤지당은 오빠인 성리학자 임성주로부터 경서와 역사서를 배웠다. 강정일당은 남편의 글 읽는 소리를 들으며 문자를 익히기 시작해 훗날 남편과 경서를 토론할 정도가 되었으며 사후 남편에 의해 문집이 발간되었다.

이후 1888년 여성을 위한 근대 학교가 설립되기도 했지만 여성과 독서의 거리는 쉽게 좁혀지지 않았다. 출판평론가 표정훈에 따르면 1946년 9월 국립도서관 열람자 총 2만 622명 중 여성은 687명, 1948년 8월에는 2만 4,569명 가운데 2,513명만이 여성이었다. 1961년 한 해 열람자 총 31만 7,847명 중 여성은 5만 6,317명으로 5분의 1에 불과했다고 한다. 그렇다면 오늘날은 어떨까? 통계청에서 2019년 독서량을 비교한 자료에 따르면 남자는 7.7권, 여자는 6.9권으로 남녀가 비슷하다.

책을 구하기가 그 어느 때보다 쉬워진 세상인데 해마다 독서량은 줄어들고 있다. 책을 읽을 수 있는 자유가 넘쳐나는 오늘날, 우리는 왜 점점 더 책에서 멀어지고 읽기가 아닌 '보기'에 빠져드는 것일까?

책을 위해 목숨을 바친 도서관 관장의 사명

도심 한복판 복합쇼핑몰에 13미터 높이의 대형 서가 3개에 5만여 권에 달하는 형형색색의 책들이 전시된 도서관, 바닷가 근처 특급 호텔의 웅장한 복도를 지나 만나게 되는 서점, 전자제품 매장 안에 위치해 커피를 마시며 책을 볼 수 있는 서점…. 최근 몇 년 사이 새로 생긴 서점과 도서관은 전통적 의미의 책방이 아닌 '리딩테인먼트Readingtainment'의 주역이다.

'리딩Reading'과 '엔터테인먼트Entertainment'가 결합해 책을 매개로 다양한 문화를 즐기는 라이프스타일을 만들어간다는 취지의 이 서점과 도서관들은 큰 반향을 불러일으키며 새로운 트렌드를 만들고 있다. 하지만 다른 측면으로도 볼 수 있다. 쇼핑몰과 관광지를 더욱 핫하게 만드는 공간으로 자리매김한 반면, 책은 전시

Reading + Enter-tainment

용 소모품으로 전락한 건 아닐까 하는.

지금과 달리 책과 도서관이 목숨을 걸고 지켜야 할 대상이었던 시절과 사람들이 있었다. 2003년 이라크 전쟁 당시, 학문과 예술의 도시 바스라의 중앙도서관은 이라크군 작전본부가 들어서면서 주요 폭격 지점이 될 위기에 처한다. 관장 알리아 무함마드 베이커Alia Muhammad Baker는 이곳의 책을 지키기 위해 바스라 시청에 도움을 청했지만 묵살당했다. 그녀는 매일 저녁 숄에 책을 감춰서 가지고 나와 자신의 집으로 옮기기 시작했고, 마침내 사람들을 모아 밤을 새워 친구의 식당으로 책을 옮기기도 했다. 그렇게 구해낸 책은 도서관 책의 70퍼센트로 무려 3만 권에 달했다. 그 후 도서관은 불타버렸다.

우리나라에도 '한국 도서관의 아버지'로 불리는 박봉석의 일화가 유명하다. 그는 광복 직후 일본이 총독부 도서관과 시내 도서관의 장서를 가져가지 못하도록 도서관 직원들과 함께 지켜냈다. 또한 문헌수집대를 조직하여 포스터와 전단을 비롯한 다양한 인쇄물을 수집해 해방 1주년 전시회를 통해 공개하기도 했다. 이후 국립도서관 부관장에 취임한 그는 6·25 전쟁 당시 자료를 지키기 위해 도서관에 머물다 납북되었다.

자신의 모든 것을 걸고 책을 지켜낸 사람들, 책을 마음대로 읽을 수 없던 시절의 책벌레들…. 사라져가는 독서 세대에게 이들의 이야기는 어떤 의미로 다가갈까? 도서관이 지식의 허브이자 창조적 활동의 거점으로 변모하면서 책을 읽는 행위의 목적과 방법도 다양해지고 있다. 독서 세대가 점차 사라져가는 오늘날에도 변치 않는 사실은 '우리는 여전히 책을 읽으며 타인과 만나고, 책을 통해 새로운 세상을 탐험한다'는 것이다.

참고 자료

알베르토 망구엘, 『독서의 역사』, 정명진 옮김, 세종서적, 2020 | 「펭귄은 어떻게 영국을 바꿨나」, 《주간조선》, 2015년 3월 23일 | 「문고판 독서 혁명 펭귄북스 탄생」, 《연합뉴스》, 2015년 7월 30일 | 「인물한국사: 강정일당-조선시대 여성 선비로 살다」, 《네이버캐스트》, 2011년 1월 16일 | 안소영, 『책만 보는 바보』, 보림출판사, 2005 | 마크 앨런 스태머티, 『도서관을 구한 사서』, 강은슬 옮김, 미래아이, 2007 | 「2019년 독서인구 통계표」, 통계청, 2019년 12월 30일

HOMO BOOKERS

02

나를 잊지 말아요

ON AIR 20200622

네 번째 주인을 기다리는 책의 독백

1938년 이탈리아 밀라노의 한 고서점.
'나'는 네 번째 주인을 기다리고 있다.
지난 60년 동안 세 명의 주인을 만났지만
지금은 새로운 주인이 나타나지 않으면
재활용 폐지가 되어 불태워질 운명에 처해 있다.

14쇄 이상 인쇄된 '나'는 한때 잘 나가는 베스트셀러였다.
그러나 행복했던 시절도 잠시,
"저 크고 소란스러운 물건은 뭐지?"
라디오의 등장으로 구석진 어두운 곳으로 내쫓겼다.

"단추가 잔뜩 달린 저 검은 상자는 뭐야?"
컬러텔레비전에 밀려 존재가 흐려진 '나'.

불에 타 사라지기 전에 주인을 기다리는 인고의 나날들,
애타는 마음….
그러던 어느 날 한 남자가 가만히 '나'를 바라본다.
드디어 그의 손이 나를 잡는다. 그는 생각 중이다.
그는 나를 제자리에 놓는 장난을 하지 않을 것이다.
책더미에 올려놓는다. 됐다. 나는 너무 기뻐
춤이라도 출 것 같다.
"잘 있게, 헤밍웨이. 종종 자네 시를 생각하게 될 거야.
모두들 잘 있어.
상자 속에서 무기력하게 보낸 시간들도 모두 안녕."

평생 수많은 책을 사 모았던 작가, 안드레아 케르베이커.
그는 헌책방에서 2,000권의 책을
100만 리라(한화 약 50만 원)에 산 후,
헐값에 팔리는 비참한 책의 말로에 화가 나
책을 쓰기 시작했다.
그 책의 이름은 『책의 자서전』.

책 속 주인공은 네 번째 주인을 만나 불태워질 운명에서
벗어난 '그 책'.

생각하고 느끼고 말할 줄 아는 책이 스스로 털어놓은
자서전의 맺는말.
"나는 아직 줄 수 있는 게 많다… .
나와 만나 달라진 이들에게 홀로 품어보는 기대.
닿고 떠난 모든 이들이 나를 잊지 않기를
수세기가 지난 후에도 살아 있는 책이 되기를."

@와 SNS의 시대, 그래도 책은 줄 게 많다

오전 8시 강남역으로 향하는 지하철 안. 붐비는 출근 시간 수많은 직장인이 잠이 덜 깬 몸을 가누기 힘들어한다. 고개를 늘어뜨리고 단잠에 빠진 이들이 있는가 하면 대부분의 사람들은 '내 손안의 작은 세상' 스마트폰에 빠져 있다. 이제 지하철에서 책을 읽는 사람을 발견할 확률은 '월요일에 꼰대 김 부장이 갑자기 결근할' 확률과 비슷하다.

문화체육관광부가 공개한 「2019년 국민 독서 실태조사」 보고서에 따르면, 종이책과 전자책을 합친 한국 성인들의 연간 평균 독서량은 7.5권으로 나타났다. 또한 OECD 국가 중 유일하게 '국민 4명 중 3명은 책을 읽지 않는 나라'로 꼽혔다. 이처럼 독서량이 적은 이유로는 성인의 경우 '책 이외의 다른 콘텐츠 이용'(29.1퍼센트)을 가장 많이 꼽았고, 학생은 '학교나 학원 때문에 시간이 없어서'(27.7퍼센트)라는 응답이 가장 많았다.

스마트폰은 순식간에 책 대신 SNS로 지식과 정보를 얻는 세상을 만들어냈다. 사람들은 이미지와 동영상에 빠져들었고, 텍스트로는 요점과 결론만 확인하려 든다. 책을 보기는 하지만 쉽게 페이지가 넘어가지 않을 때, 혹은 높은 수준의 인지 능력을 요구하는 책을 읽을 때, 읽기를 멈추고 행간의 의미를 찾거나 유추하는 대신 스마트폰으로 도피한다. 단어와 문장, 문단 사이에 담긴 시공간을 뛰어넘는 책의 가치는 누가 어떻게 논해야 하는 걸까.

한 세대가 공통의 독서 경험을 통해 누릴 수 있는 교양과 담론, 정서적 공감이 사라져가고 있다. 다변화된 세상에 적응하기 위해 독서 경험이 다양해져야 한다고 하지만 정작 다양해진 것은 취미와 관계일 뿐, 책 읽기는 뒷전인 게 현실이다.

정보 습득이 중요한 세상이지만 책 읽기를 멈추고 정보만 좇는 건 정처 없이 떠도는 방랑자 처지와 다를 바 없다. 사회학자이자 작은 책방 '니은서점'을 운영하는 아주대 노명우 교수는 "정보와 생각은 다르다. 정보만 원하는 사람은 유튜브, 인터넷 검색으로 충분하지만, 책은 정보로만 구성된 것이 아니다. 책은 생각을 자극하는 도구다"라고 강조했다. 책은 능동적인 지적 활동을 해야 읽을 수 있고, 읽는 동안 그 주제와 질문에 대해 내가 얼마나 많은 시간을 투자했는가에 따라 생각의 깊이가 달라지기 때문이다.

오늘날 책을 통해 깨달음을 얻는 즐거움은 각종 미디어 기기를 멀티태스킹하면서 느끼는 쾌감으로 대체되고 있다. 하지만 삶을 바꾸는 가장 강력한 자극은 멀티태스킹이 아니라 깊이 있는 책 읽기다. SNS 시대, 과거 독서 세대의 담론을 만들어나갈 수는 없지만 @와 SNS를 통해 '책 읽기의 취향 공동체'는 만들 수 있다. 책은 여전히 속 깊은 친구이자 내어줄 게 많은 스승이다.

비즈니스 플랫폼 트레바리, 독서 살롱의 부활

"독서의 적은 인생 그 자체다. 삶은 질투와 경쟁으로 뒤흔들리고 독서를 통한 자기 성찰에서 우리를 멀어지게 한다." 프랑스의 비평가 에밀 파게Emile Faguet의 말이다. 어디 질투와 경쟁뿐일까. 독서에 할애되던 시간이 디지털 미디어로 넘어가고 있다.

책 읽기를 방해하는 수많은 요소에도 불구하고 책으로의 잠행을 일삼는 직장인이 있다. 삼성SDI에서 배터리 설비 개발을 담당하는 엄주식 프로가 그 주인공이다. 그는 회사 내에서 유명한 독서왕이다. '마흔을 앞두고 내 인생을 어떻게 살 것인가'라는 고민에 빠진 그는 집 근처 서점을 찾았다. 책에서 길을 찾겠다는 생각으로 '100일에 100권 읽기'를 목표로 책에 빠져들었다. 독서 자신감으로 인한 일상의 변화를 발견한 그는 '1일 100분 독서 습관'

"…책은 정보로만
구성된 것이
아니다. 책은
생각을 자극하는
도구다."

을 지켜나가기 위해 기상 후, 출근 후 업무 전 그리고 퇴근 후에도 책을 읽을 자투리 시간을 만들어냈다.

7년 동안 1,000여 권의 책을 독파하며 마음을 울리는 구절을 메모했는데 그 과정에서 자신을 되돌아보며 많은 생각을 할 수 있었다고 한다. 메모와 성찰로 그의 삶은 조금씩 달라지기 시작했다. 헬스, 하루 1만 보 걷기와 같은 생활의 작은 변화부터 사내 대표 강사 활동과 소통 채널에 추천도서 콘텐츠 공유하기와 같은 사회적 영향력까지 갖게 된 것이다.

'한 권의 책을 읽는다는 것은 한 사람의 생각을 받아들이는 것.' 그 과정에서 사람들은 새로운 기회를 발견하고 세상으로부터 상처받은, 움츠러든 자아를 다시 세상 밖으로 이끌어낸다. 온라인 시대에 다시 오프라인 독서 모임이 활발해지는 것도 그런 이유에서다. 독서 클럽 기반 커뮤니티 서비스인 '트레바리'는 누적회원 5만 명을 보유하면서 플랫폼 비즈니스의 유니콘이 되었다.

책을 읽으며 독백하는 것이 아니라 함께 대화할 수 있다는 것은 큰 매력이다. 이 점이 20대뿐 아니라 60대까지 책을 읽고 토론하는 트레바리와 같은 살롱으로 모여들게 했다. 정보를 넘어선 지식에 대한 갈증과 SNS 소통에 피로감을 느낀 이들이 모인 이 살롱에서는 직업, 나이, 스펙 등의 제한 없이 오로지 책을 통한 대화와 토론을 원하는 이들이 모여 서로의 사유를 공유한다.

독서 살롱의 부활은 '왜 책을 읽어야 하나?'라는 질문에 대한 답 중 하나다. 책이 가치 소비의 대상이 될 수 있음을 보여주었고, 무엇보다 카프카의 말처럼 책은 '우리 머리를 주먹으로 한 대 쳐서 우리를 잠에서 깨우는 도끼'와 같다는 것을 믿는 이들이 여전히 많다는 것을 의미한다. 우리의 눈길은 다시, 책을 향하고 있다.

참고 자료

안드레아 케르베이커, 『책의 자서전』, 이현경 옮김, 열대림, 2004 | 김영민, 『공부란 무엇인가』, 어크로스, 2020 | 「2019 국민 독서 실태 조사」, 문화체육관광부, 2020년 3월 11일 | 「'내 취향 책만 읽기에도 인생 짧다' 서점하는 사회학자 노명우의 독서론」, 《중앙일보》, 2020년 10월 4일 | 「매일 100분씩, 7년간 1000권 읽었다는 삼성 '독서왕'」, 《조선비즈》, 2020년 11월 8일 | 「돈 내는 독서모임 '트레바리'의 성공 비결은?」, 《동아비즈니스리뷰》 블로그, 2020년 2월 6일

HOMO BOOKERS

03

물론 읽지는 않았습니다

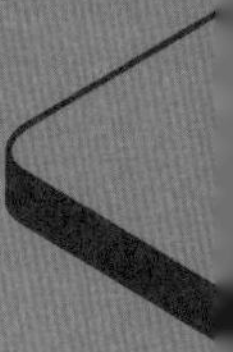

ON AIR 20200615

생존을 위한 단문 읽기, 그 무의미함

하루 10분 요가, 50분의 효과가 나는 5분 트레이닝,
2시간짜리 영화를 2분으로 요약해주는 유튜버….
1분도 길어서 10초로 요약해주는 친절한 사람들이
매일같이 제공하는 짧은 콘텐츠가 넘쳐나는 세상.

'본론부터 이야기하시죠, 그래서 결론이 뭔가요?'
뭐든 짧아야 사랑받고,
모두에게 중요한 것은 본론과 결론뿐이다.
우리의 시간은 소중하니까.

짧은 디지털 언어에 익숙해져 긴 문자 언어를 읽지 못하는
사람들의 읽기 패턴은 어떨까?
세계적인 웹 사용성 전문가인 제이콥 닐슨Jakob Nielsen 박사는
흥미로운 실험을 했다.
232명의 피실험자에게 1,000개의 웹페이지를 읽게 하여
눈동자의 움직임을 추적했다.
그 결과 사람들의 읽기 패턴은
그가 누구든, 무엇을 읽든 거의 일치했다.

'왼쪽에서 오른쪽, 일직선으로'
계속 읽어 내려가는 책과 달리,
웹페이지를 읽을 때는 제일 윗줄의 수평 방향을 읽은 후,
조금 내려가 윗줄보다 더 짧은 영역을 읽었다.
이후 시선은 곧장 왼쪽 맨 아랫줄까지 내려왔다.
즉 'F자' 형태로 글을 읽은 것이다.
이렇게 중요한 부분만을 빠르게 읽고
다음 페이지로 넘어가는 습관은
책 읽기를 방해하는 주요 원인 중 하나가 되었다.
이제는 마음을 먹고 책을 펴도
한 줄 한 줄 집중하며 깊게 읽기가 쉽지 않다.

처음 눈에 띈 몇몇 단어만 재빨리 훑어보거나
지그재그로 줄을 건너뛰며 곧장 결론으로 향한다.
'유용한 정보인가?', '읽을 가치가 있는가?'를 파악한 후
비로소 시작되는 독서.
하지만 그마저도 끝까지 읽지 않는다.

"참 좋은 글입니다.
물론 시간이 없어서 끝까지 읽지는 않았습니다."

문맹률 제로의 시대에 문해력이 떨어지는 이유

현대인들은 한정된 시간과 넘치는 정보 속에서 필요한 것들만 찾아내기 위한 읽기에 길들여졌다. 이는 생존을 위한 진화의 결과로 '훑어 읽기'가 만연해졌다. 그 목적은 필요한 정보를 재빨리 파악하는 것이다.

그 결과 문맹률 제로의 시대에 문자해독능력인 '문해력'은 현격히 떨어지고 있다. 한국교육방송공사(EBS)가 2020년 2월 〈미래교육 플러스〉에서 방영한 내용에 따르면, 우리나라 학생들의 경우 글자를 읽고 쓰는 기본 문맹률은 1퍼센트에 가깝지만, 문장을 읽고도 이해하지 못하는 실질 문맹률은 무려 75퍼센트에 달했다. 성인들 역시 과거 OECD(국제성인문해조사, IALS)가 조사한 결과를 보면 이와 크게 다르지 않다.

아주대 사회학과 노명우 교수는 "문해율을 따져보면 우리의 자부심은 산산조각 난다"고 일갈했다. 대학 진학률이 70퍼센트에 이르는 나라의 문해력이 OECD 국가 중 최저인 이유는 무엇일까? 독서를 통한 깊이 읽기가 부족하기 때문이다. 초등학교 때부터 학원과 시험으로 책 읽을 시간을 빼앗기는 학생들, 야근과

격무로 책 읽을 의욕조차 상실한 직장인들, 더 이상 책을 읽어야 할 의무도 목적도 없는 중장년층…. 하지만 이제 다시 책 읽기의 즐거움과 효용에 대해 생각해볼 때다.

독서는 우리의 감각을 발달시키고 직접 탐구하지 않은 지식을 경험하고 체화할 수 있는 가장 좋은 방법이다. 2006년 스페인의 한 연구자는 '커피 향이 좋다'라는 문장을 읽을 때 뇌의 후각 피질 영역이 활성화된다는 사실을 발견했다. 또 프랑스 연구자는 '파블로가 공을 찬다'라는 문장을 읽을 때 운동 피질 영역이 활성화된다는 것을 밝혀냈다. 뇌는 직접 경험과 간접 경험을 구별하지 않기 때문이다. 즉 인간은 독서를 통해 다른 이의 경험을 자신의 것으로 만들고, 스스로 탐구하지 않은 지식도 책을 통해 이해할 수 있다.

게다가 독서의 효과는 앎 자체에만 있지 않다. 책을 읽으면서 인간은 외부 세계와 격리된 채 자기 내면에 집중하는 '몰입 상태'를 경험한다. 책을 읽으며 자신만의 유추와 논리를 끌어내 고유한 생각을 키우는 것이다. 그러므로 사유하지 않고 행동하는 삶에 익숙해진 현대인들에게 책 읽기는 깊은 생각을 경험할 수 있는 가장 손쉬운 방법이자 자신과 세상의 무한한 가능성을 확인하는 기회이다.

일론 머스크의 혁신적 상상력이 나고 자란 곳

"인간에게 독서는 힘든 노동이다. 그렇다면 우리는 왜 이렇게 힘든 독서를 해야 하는가? 더 훌륭한 개인이 되기 위해서다. 운동이 신체를 단련시키듯 독서는 뇌를 단련시키고 인지 능력뿐 아니라 공감력, 사회성을 높이기 때문이다. 개인의 보다 나은 삶, 인류의 생존과 문명의 진화를 위해서도 독서는 꼭 필요하다."

책 생태계 비전 포럼(2018년)에서 진화학자 장대익 교수가 발표한 내용 중 일부이다. 그는 인류 문명 발전의 핵심은 '집단 학습'이며 지식의 축적인 책을 읽는 행위야말로 최선의 사회적 집단 학습이라고 했다. '이토록 거창한 목표를 생각하며 책을 읽어야 한단 말인가?' 혹자는 이렇게 볼멘소리를 하며 고개를 절레절레 흔들지도 모른다.

오늘날 우리가 누리는 이 놀라운 문명의 발전이 집단 학습의 결과물인 점은 부인할 수 없다. 특히 동서고금을 막론하고 세상을 바꾼 인문과학자들은 공통적으로 독서광이었다.

"지금부터 6년 뒤 화성에 인간을 착륙시킬 것이며, 2050년까지 100만 명을 화성에 이주시키겠다"고 호언장담하는 자가 있다. 그는 바로 '가장 먼저 미래에 다녀온 사람'으로 불리는 일론 머스크Elon Musk다. 그는 놀라운 상상력과 추진력 그리고 회복탄력성을 기반으로 21세기 혁신의 아이콘이 되었다. 동시대 사람들에게 영감을 주고 사고의 새로운 프레임을 제시하는 그는 1만 권에 달하는 책을 읽었다고 한다. 독서를 통해서 일생일대의 '질문'을 찾아내 탐구해온 인물의 대표적 예다.

어린 시절 머스크는 가끔 소리를 듣지 못하는 것 때문에 청각 기능 장애를 의심받았다. 하지만 그의 엄마는 아들의 문제가 '자신의 뇌로 들어가 다른 세계를 보는 것'이라 믿었기에 내버려두었다. 하루 10시간씩 책을 읽었던 그는 가족과 함께 쇼핑하러 가면 혼자 사라지기 일쑤였다. 대개는 서점에 가서 정신없이 책을 읽었다. 학교 도서관과 마을 도서관의 책을 죄다 읽고는 사서에게 새 책을 갖다 달라고 조를 정도로 열정적인 독서가였다. 10대 시절, SF소설과 브리태니커 백과사전에 빠져 있던 머스크는 어느새 '세계와 인류의 미래에 닥칠 문제'에 대해 고민하기 시작했다. 우주로 향한 그의 질주는 책에서 발견한 질문의 답을 찾아가는 과정이라 할 수 있다.

일론 머스크뿐만이 아니다. 수많은 이들이 책을 통해 새로운 것을 배우고, 문제를 해결하기 위한 사고력을 키웠다. 책에 몰입하는 동안 내면에 집중함으로써 자신만의 고유한 생각을 길어

올린 것이다. 디지털 정보에 중독되면 될수록 책 읽기는 힘든 노동으로 치부될 가능성이 커진다. 하지만 끝없이 쏟아지는 정보를 재빠르게 낚아챈다고 삶이 달라질 수 있을까? 더 나은 삶을 꿈꾸기엔 턱없이 부족한 방법이다. 재빠르게 선택한 정보와 독서를 통한 지식의 차이는 바로 여기에 있다.

참고 자료

「책을 읽지 않는 사람의 뇌는 퇴화한다」, 《미주중앙일보》, 2019년 3월 23일 | 「배움의 기초, 문해력 1부」, EBS 미래교육 플러스, 2020년 2월 25일 | 「'7세 때 책 읽기 능력, 42세 때 사회지위 가른다'… 과학으로 증명」, 《문화일보》, 2018년 10월 26일 | 노규식, 『현대인들은 어떻게 공부해야 하는가』, 알투스, 2016 | 애슐리 반스, 『일론 머스크, 미래의 설계자』, 안기순 옮김, 김영사, 2015

HOMO BOOKERS

04

당신을 밑줄 긋다

ON AIR 20180111

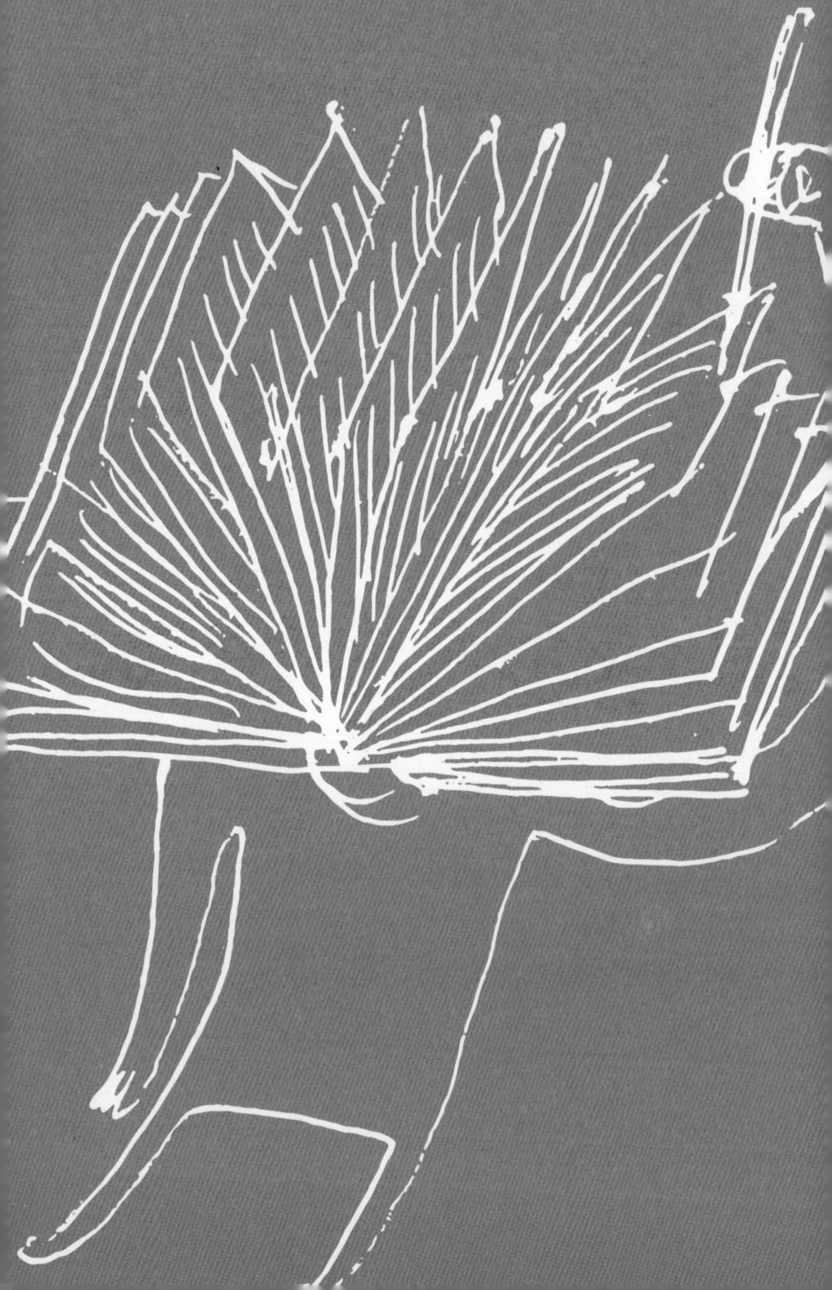

타인을 통해 나를 보는 경험

밑줄 긋는 남자, 소설가 김중혁

"책장을 보면 그 사람의 뇌를 보는 것 같아서
그가 어떤 생각, 어떤 고민을 하는지 알 수 있다."

그는 유쾌한 실험을 즐기는 소설가로 2000년에 등단한 이래
대중성과 작품성을 겸비한 작가라는 평을 받고 있다.
최근에는 '소설을 읽는 202가지 이유'에 대한
유튜브 방송도 했다.
그가 말하는 '소설에 밑줄을 긋는 이유'는 무엇일까?

"밑줄을 긋는 이유는 두 가지다.

하나는 내가 몰랐던 것을 발견했을 때,

다른 하나는 내 이야기 같을 때.

밑줄 긋기는 인간을 이해하고 타인과 만나는 행위다."

우리는 사람들을 만날 때 상대에 따라

'나와 너무 다른 사람 같아'라는 생각이 들기도 하고

'나하고 정말 비슷하다'라며 공감하기도 한다.

이때 나와 다른 사람을 통해서는

왜 나와 다른지를 파악하게 되고

비슷한 사람을 통해서는 '아, 내가 저런 사람이었구나'를

깨닫게 된다.

책에 밑줄을 긋는 일도 이와 비슷하다.

책 읽기는 내가 아닌 타인의 삶을 살아봄으로써

우리에게 성장의 동력을 주는 일임에 틀림없다.

밑줄 긋는 여자, 직장인 에세이스트 성수선

"회사생활을 하면서 많이 지칠 때는 환절기 건조한 피부에
수분팩을 붙이듯 책을 읽었다.
갈증에도, 건조한 피부에도, 지친 영혼에도 보습이 필요하다.
책은 내게 힘이 되어주었고, 새로운 에너지를 주었고,
상식을 의심하게 해주었고, 권태에 빠지지 않게 해주었다."

그녀는 대기업 화학사 마케팅팀 팀장이면서
솔직하고 직관적인 글쓰기로 직장인들 사이에서
큰 공감과 지지를 받은 독특한 이력의 에세이스트다.
그녀는 글을 쓰기 전 열정적 독서가로 먼저 알려졌는데,
자신의 책 읽기는 실무에 필요한 '생산적인 책 읽기'나
출세를 위한 '전략적인 책 읽기'가 아니라
그저 책이 좋아서 읽는 '행복한 책 읽기'라고 했다.

2009년 출간한 『밑줄 긋는 여자』는
출장이 잦은 직업 탓에 비행기 안에서
혹은 업무를 마치고 들어선 호텔 방에서 읽은
소설들에 관한 이야기를 담은 독서 에세이다.

그 책에서 그녀는 소설을 읽는 이유에 대해 이렇게 말한다.

"소설을 읽는 게 언뜻 아무짝에도 도움이 안 되는 것 같지만
인간을, 인간의 본성을 이해하는 데 소설만큼 좋은 게 없다.
신문 사회면의 짧은 기사를 보면 어처구니없는 사건과
그 사건을 저지른 사람들을 이해할 수 없지만,
소설은 독자들에게 '개연성'을 제공한다.
재기 넘치는 젊은 철학자 알랭 드 보통은
그의 에세이집 『불안』에서 우리는 비극 작품을 통해
다른 사람들의 실패를 더 많이 이해하고
용서하게 된다고 말한다."

우리가 책을 읽으며 밑줄을 긋는 이유는
무미건조하고 별다를 것 없는 일상에
날마다 다른 정신적 경험들을
차곡차곡 쌓아가기 위해서 아닐까.
그렇게 우리는 자신만의 고유한 내면을 만들어가면서
긍정의 힘을 키우고 사람과 세상을
더 깊이 이해하게 된다.

우리가 책을 읽으며
밑줄을 긋는 이유는
무미건조하고
별다를 것 없는
일상에

날마다 다른
정신적 경험들을
차곡차곡
쌓아가기 위해서
아닐까.

소설이라는 미로에서 즐거움 찾기

'내 인생의 엔딩을 생각해본 적이 있는가?' 드라마나 영화를 보며 우리는 종종 주인공들의 엔딩을 추측해본다. 익명의 시청자들과 갑론을박을 이어가다 마지막 회에 이르러 결말이 자신의 예측에서 벗어나면 허탈함을 느끼기도 한다. 이렇게 가상의 존재들이 맞이할 엔딩은 진지하게 고민하면서 정작 내 인생의 엔딩을 생각해본 적은 드물다.

소설을 통해 타인의 삶을 경험하다 보면 어느새 시선은 나의 삶으로 향하게 된다. 주인공들의 삶에 몰입하면서 자연스럽게 '나의 삶, 내 주변인의 이야기'가 오버랩된다. 왜 그럴까? 소설가 김중혁은 이야기 속에서 원인과 결과를 찾으려고 적극적으로 생각하고 상상하기 때문에 생기는 현상이라며 그 이유를 다음과 같이 말한다.

"소설을 읽다 보면 주인공이 어떤 선택을 할 때 '나라면 그렇게 선택하지 않았을 거야'라고 감정이입을 하게 된다. 그랬을 때 주인공이 스스로의 선택 때문에 어떤 결말에 이르게 되는지 보면서, 내가 한 선택의 결말도 예상해볼 수 있다. 그런 식으로 소설을 읽으며 원인과 결과를 찾으려 애쓰고 소설 속 인물들의 삶을 이해하는 과정을 통해, 자기의 삶을 연장시키고 새롭게 되돌아보는 체험을 할 수 있다. 그것이 바로 소설이다."

소설 속 주인공들의 삶 속에 몰입하면 그들 인생의 번민과 후회, 고통과 환희를 함께 경험하면서 내 안에 있는 감정들도 하나하나 꺼내 느껴볼 수 있다. 더불어 참으로 다양한 인간 군상의 내면과 행동을 책으로 만나고 상상하다 보면 어느새 타인은 비난할 대상이 아닌 이해해야 할 대상임도 깨닫게 된다. 또한 그들에게서 낯설지만은 않은 감정을 느끼고 공감할 때 나의 자아는 보다 넓게 확장된다. 그것이 소설의 가치이자 효용이다.

소설 읽기는 일방적으로 제공되는 정보를 통한 즉각적이고 단편적인 판단이 아닌, 언어로 표현된 수많은 감정에 천착하며 또 다른 나를 만나는 특별한 경험이다. 소설가 김영하는 소설 읽기는 '헤맴'이라고 말한다. "내가 경험한 미로와 타인이 경험한 미로는 모두 다르기 때문이다. 소설을 읽으면서 우리가 얻는 것은 고유한 헤맴, 유일무이한 감정적 경험이다. 이것은 교환이 불가능하고 그렇기 때문에 가치 있다."

소설을 읽는 독자는 해마다 줄어들고 있다. 2019년 교보문고는 '올해의 소설 판매량이 전년보다 10퍼센트 넘는 내림세를 보였다'고 발표했다. 소설의 출간 종수도 갈수록 줄어드는 것으로 집계됐다. 웹 소설의 인기는 매년 높아지는 반면 전통 소설은 점점 더 설 자리를 잃어가는 추세다.

하지만 나와 다른 타인 그리고 나와 닮은 타인과 만나고, 저마다의 환상 속에서 확장되는 이야기에 빠져 각자의 엔딩을 상상하는 즐거움은 소설이 존재하는 한 계속될 것이다.

고전이야말로 가장 오래된 미래다

"마키아벨리의 『군주론』이요? 악마의 책 아닌가요?" 이렇게 즉답하는 사람은 분명 이 책을 읽지 않은 사람이다. 반면 읽은 사람은 세상에서 가장 위험한 책 『군주론』이 실은 '세상에서 가장 솔직한 책'임을 잘 알고 있다. 500년이 넘는 시간과 동서양의 공간을 뛰어넘어 지금 이 시대를 사는 나와 우리에게 그 어떤 책보다 생존과 번영에 관해 신랄하고 본질적인 조언을 해주기 때문이다. 그래서 마키아벨리의 현실주의 사상은 당대뿐 아니라 현재에도 유효하고, 미래에도 악명을 떨칠 것이다.

고전은 살아남은 책이다. 인류 문명을 오늘날에 이르게 한 지

"고전은
아무리 오랜 시간이
지나도 당대의 언어로
재해석되고 당대의
의미로 다시 이해된다."

혜를 담고 있기에 언제 누가 읽어도 통하는 책이다. 시골의사 박경철은 독서법을 권하는 글에서 "고전은 시대를 넘어 언제든 읽혀야 한다. 고전은 당대성이 아닌 시대성을 갖고 있어서 아무리 오랜 시간이 지나도 당대의 언어로 재해석되고 당대의 의미로 다시 이해된다"라고 말했다.

철학자 이진우 역시 같은 맥락의 이야기를 전한다. "고전은 현재화시켜서 읽어야 한다. 내가 살고 있는 현재, 그리고 현재의 나와 관련시키며 읽어라. 오늘의 관점에서 자신의 경험을 통해 메시지를 이해해야 한다."

고전은 적어도 한 세대의 평가를 거친 작품으로, 인간 내면의 깊은 곳에 잠재해 있는 집단 무의식을 건드린다. 고전 읽기를 통해 세상을 바라보는 통찰을 얻을 수 있는 이유도 여기에 있다. 수 세기 동안 읽히고 있는 고전보다 더 '오래된 미래' 역할을 할 수 있는 책이 있을까.

어떤 책을 읽느냐, 거기서 무엇을 발견하느냐는 각자의 몫. 그럼에도 고전 읽기를 통해 우리가 얻을 수 있는 많은 것들 중 '자기 성찰'을 꼽을 수 있다. 문학작품이든 인문철학서든 역사서든 간에 고전을 읽다 보면 그 안에서 "나는 어떤 존재인가?", "어떻게 살아야 할까?"와 같은 질문과 맞닥뜨리게 된다. 자신에 대한 이해와 성찰이 이루어지면 시야를 확장해 타인에 대한 관심과 이해도 가능해진다. 이는 세상에 대한 관심으로도 이어진다.

세상이 빠른 속도로 변화하고 있다. 잠시 한눈을 팔면 어느새 세상은 저만치 앞서가 있는 느낌이다. 인공지능이 바둑에서 사람을 이긴 것은 이미 옛이야기다. 온라인의 발전으로 원격근무, 원격수업이 상시화됐으며 로봇이 우리 삶 곳곳에 들어와 있다. 교육도 일자리도 달라지는 와중이다.

『도덕경』에 있는 '反者道之動(반자도지동)'은 '되돌아오는 것, 그것이 도의 움직임이다'라는 의미다. 오늘날 우리는 미래를 향해 빠른 속도로 변화하는 디지털 문명 시대에 살고 있다. 그러나 변치 않는 것들도 있다. 고전에서 만나게 되는 지혜가 그런 것들을 판별하게 해준다. 도덕경에서 말하듯 때론 지금까지의 진행 방향과 반대되는 쪽으로 움직일 필요도 있다. 미래는 점점 더 예측 불가능한 혼란한 시대가 될 것이고, 인류는 그런 시대를 살아내야 한다.

참고 자료

「소설의 위기? … 올해 소설 판매량 전년보다 10% 이상 하락」, 《국민일보》, 2019년 12월 10일 | 「'다독이냐 정독이냐?' 답은 이겁니다」, 《오마이뉴스》, 2013년 1월 24일 | 성수선, 『밑줄 긋는 여자』, 엘도라도, 2009 | 김영하, 『읽다』, 문학동네, 2015 | 박경철, 『시골의사 박경철의 자기혁명』, 리더스북, 2011 | 임성훈, 『고전 읽기 독서법』, 리드리드출판, 2020 | 「권력 지향적 사회에서 자유는 가능한가」, 《채널예스》, 2015년 7월 15일

HOMO

PART

2

쓰기

호모파베르,
내 삶의 도구는 '글'이다

FABER

E 빠진 글

세상을 바꾼 이야기

다시 쓰는 사람

세상에 없던 글

작가의 탄생

HOMO FABER

05

E 빠진 글

ON AIR 20201012

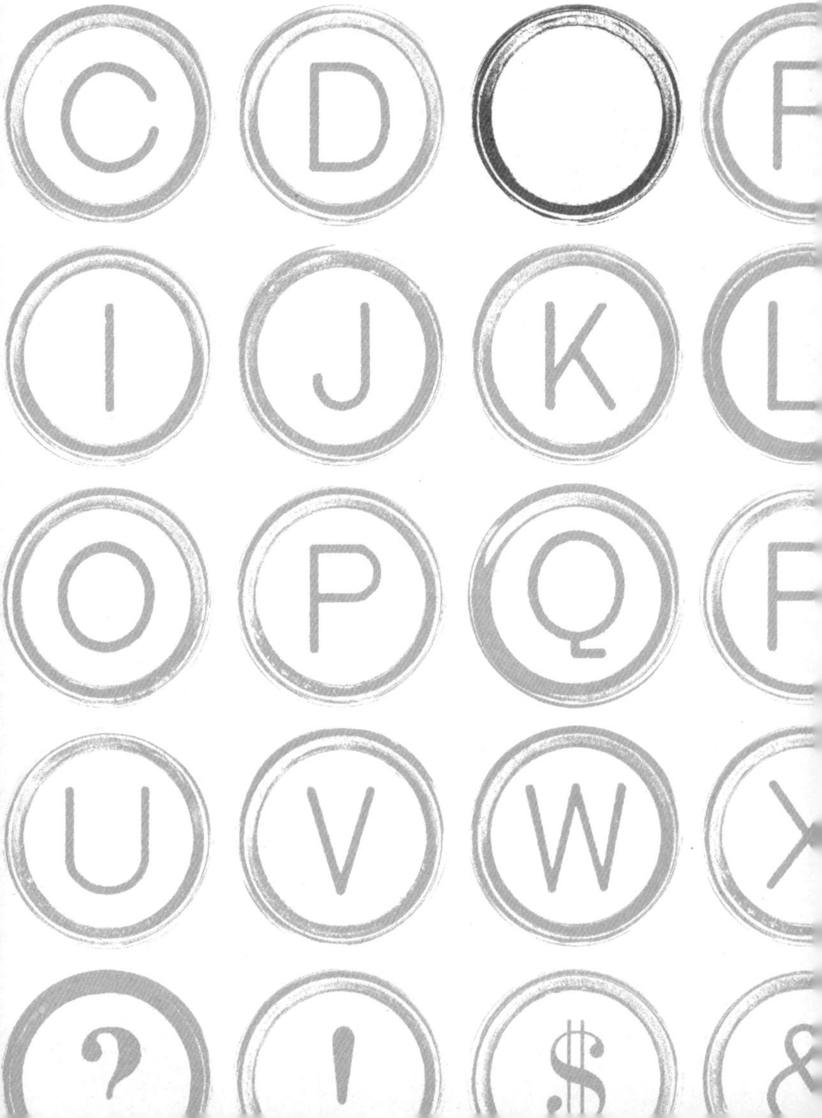
C D
I J K
O P Q
U V W
? ! $

사라진 세계를 기억하려는 사투

20세기 프랑스 문단을 뒤흔든 제약적 글쓰기의 대가
조르주 페렉Georges Perec.
그는 일정한 규칙을 세운 후
글의 형식과 구조를 변형하는 문학 실험을 시도했다.
특정 문자를 배제하고 글을 쓰는 '리포그램lipogramme'을 적용한
그의 대표작은 알파벳 'e'가 빠진 소설 『실종』.

1969년 프랑스에서 출간된 소설 『실종』은
글이 너무나 자연스러워
출판사 관계자조차 이상한 점을 눈치채지 못했다.

독자들이 실종된 주인공의 이야기에 몰두한 사이
소설 밖에서는 또 다른 실종 사건이 발생한다.
바로 모든 문장에서 'e'가 사라진 것이다.
프랑스어 모음에서 'e'가 사용되는 비율을 감안할 때,
결국 쓸 수 있는 단어는 전체의 약 20퍼센트에 불과하다.

실험문학 집단 '울리포'의 회원이었던 페렉은
특정 문자를 사용하지 않으면서 글을 쓰는 기법인
'리포그램'을 통해 문학의 무한한 가능성을 실험했다.
문학적 상상력이 의도적인 형식적 제약을 통해 극대화되고,
이로 인해 창의적인 글쓰기가 가능하다고 믿었다.

'e'의 실종으로부터 3년 후, 페렉은 새로운 소설을 발표한다.
모음이 쓰이는 모든 자리에 그 모음 대신
'e'를 사용한 소설 『돌아온 사람들』.
실종되었다가 '돌아온 사람들'을 잊지 않기 위한 글로
또 한번의 놀라운 실험을 감행한 것이다.

제2차 세계대전 당시 아버지를 잃고,
홀로코스트에 어머니마저 잃어

자신을 둘러싼 모든 세상을 빼앗긴 유대인 소년 조르주 페렉.

그가 글을 쓰는 이유는

그들이 남긴 지울 수 없는 흔적을 확인하기 위해서다.

페렉의 글쓰기는 사라진 세계를 잊지 않기 위한

그리고 저항하기 위한 글쓰기였다.

"내게 글쓰기란, 그들의 죽음을 기억하는 것이고

나의 삶을 확인하는 것이다."

망각에 대한 저항,
글로 소통하고 투쟁하는 문인들

"묘하다, 내가 왜 상을 받았는지 심사위원이 좀 설명해줬으면 좋겠다."

2014년 노벨문학상 수상자 발표를 들은 파트릭 모디아노Patrick Modiano의 첫마디다. 그의 물음에 대한 스웨덴 한림원의 답은 이렇다. "붙잡을 수 없는 인간의 운명을 기억의 예술로 환기시키고 직업의 생활 세계를 드러냈다."

모디아노를 문단으로 이끈 사람은 작가 레몽 크노였다. 하지만 모디아노는 크노보다 조르주 페렉의 작품에 더 공감했다. 제2차 세계대전 당시 모디아노의 유대인 아버지는 도망자가 되어 정처 없이 떠돌았고, 프랑스 국적을 얻지 못한 어머니 역시 숨어 지냈다. 모디아노가 태어난 후에도 그들은 은둔자로 살아야만 했다. 그러므로 그의 글쓰기는 자신의 정체성 확립을 위해 과거를 되찾는 과정이라 할 수 있다.

이처럼 유대인의 정체성에 천착한 작품을 써온 그에게 나치 시대에 부모를 잃은 페렉의 삶과 문학은 깊은 공감의 대상이었다. 어두운 시절에 대한 기억 혹은 망각의 문제에 깊이 사로잡힌 두 작가의 교류와 우정은 '문인들은 왜 글을 쓰는가'에 대한 한 가지 대답을 제시해준다. 그것은 바로 나 그리고 나를 둘러싼 삶을 기억하고 잊지 않기 위한 투쟁이다. 자신을 둘러싼 모든 세상을 잃은 페렉의 글쓰기는 '망각에 대한 저항'이었고, 독특한 기법의 실험은 현실과 맞서려는 진정한 투쟁의 미학적 실천이었다.

김연수는 "매일 글을 쓴다. 한순간 작가가 된다. 이 두 문장 사이에 신인, 즉 새로운 사람이 되는 비밀이 숨어 있다"라고 했다. 어쩌면 작가에게 있어 가장 중요한 것은 글을 쓰고 있다는 것, 그것을 멈추지 않는다는 것, 쓰는 행위로 자신을 확인하는 것, 그 자체일 것이다. 패션잡지 《엘르》의 편집장 장 도미니크 보비Jean-Dominique Bauby의 일화 역시 여기에 힘을 실어준다. 그는 운전 중 갑자기 뇌졸중으로 쓰러졌다가 깨어난 후 전신마비 상태에 빠진다. 그럼에도 병상에 누워 그가 했던 것은 왼쪽 눈꺼풀을 20만 번 깜빡여서 『잠수복과 나비』를 집필한 일이다. 이 책이 출간되고 18일 후 그는 심장마비로 사망한다. 그는 글을 씀으로써 자신이 자신일 수 있었고, 그것으로 살아 있음을 확인했던 것이 아닐까. 죽음 직전까지도 그로 하여금 글을 쓰게 한 것, 그것이 작가들이 글을 쓰는 이유일 것이다.

문인들의 글쓰기뿐 아니라, 우리의 사소한 글쓰기도 마찬가지다. 일기와 편지도 잘 쓰지 않는 요즘이지만 SNS에 올리는 짧은 글마저도 나에 대한 성찰과 나를 둘러싼 세상에 대한 관심을 담은 글이 더 큰 공감을 불러일으킨다. '나는 어디서 와서 어디로 가는가?'와 같은 거창한 성찰을 목표로 하지 않아도 글을 쓰다 보면 어느새 나 자신을 객관화해서 바라볼 용기가 생긴다. 그리고 잊고 싶었던 혹은 잊혀진 기억을 더듬으며 내 삶을 확인하는 시간을 갖게 된다.

소설가 한창훈은 "글쓰기는 기교가 아니라 삶을 궁리하는 방법이다"라고 말했다. '궁리하다'란 사물의 이치를 깊이 연구하다, 혹은 마음속으로 이리저리 따져 깊이 생각한다는 의미다. 글쓰기가 나를 성장시키는 이유도 여기에 있다. 글쓰기를 통해 생각의 꼬리를 붙들고 이리저리 고민하면서 깊은 생각에 빠지는 경험만큼 나와 세상을 진지하게 들여다보고 성찰할 기회는 없을 것이다.

김 차장, 최 대리, 유찬이 엄마가 글을 쓰는 이유

진도의 작은 섬 조도에서 근무를 시작한 발전소 직원 김상종

차장. 섬 생활의 외로움을 소설로 담아내기 시작한 그는 벌써 세 권의 장편소설을 펴낸 어엿한 작가다. 지금은 '저마다 사연을 안고 달렸을 국도國道'를 주제로 한 연작소설을 구상 중이다. 그에게 왜 소설을 쓰게 되었느냐고 묻자 그는 자신의 글쓰기는 자신을 둘러싼 아픔에서 시작되었다고 답했다. "섬에서 생활하던 중 형님이 세상을 떠났고 1년 뒤 아버지마저 별세했습니다." 외로운 섬 생활 도중에 들이닥친 두 번의 아픔이 그에게 한번도 생각해본 적 없는 소설을 쓰게 만들었다.

이처럼 평범한 사람들의 글쓰기는 자신의 아픔을 위로하기 위해 시작된 경우가 많다. 하지만 최근에는 조금 다른 이유로 글을 쓰기 시작한 다양한 직업군의 작가들도 많이 등장하고 있다.

응급의학과 전문의인 남궁인은 이미 여러 권의 책을 펴낸 에세이스트다. 삶과 죽음의 경계를 오가는 환자들과의 이야기를 담은 그의 에세이는 많은 이들에게 깊은 여운을 안겨주었다. 선택을 해야 하는 긴박한 순간들 속에서, '만약 그랬더라면'이라는 후회와 번민에 시달려야 했던 시간 속에서 그가 길어 올린 문장들은 독자들에게 남다른 감동을 주었다.

최근에는 법조인들의 성공적인 작가 데뷔도 눈길을 끈다. 대한민국 최고의 추리소설 작가로 명성이 자자한 도진기 변호사. 그는 판사 시절 『선택』이라는 작품으로 한국추리작가협회 미스

"매일 글을 쓴다.
한순간 작가가 된다.
이 두 문장 사이에
신인, 즉 새로운 사람이
되는 비밀이 숨어 있다."

터리 신인상을 수상하며 화려하게 데뷔했다. 이후 그의 작품은 드라마화되었고 영화화도 진행 중일 정도로 고정 팬덤을 가진 작가가 되었다.

『개인주의자 선언』, 『쾌락독서』와 같은 에세이를 낸 문유석 판사도 베스트셀러 작가다. 그는 2017년 1월, 첫 칼럼인 「전국의 부장님들께 감히 드리는 글」로 국민적인 공감을 얻었다. 그 글은 중년 남성들이 유쾌하게 웃으면서 자신의 삶과 태도를 되돌아보고 성찰할 수 있는 계기를 만들어주었다. 누구보다 중년 직장인의 삶을 잘 이해하는 '같은 부장'으로서 그가 조언한 글이었기에 가능한 일이었다.

"부장 직함을 달고 있는 한 사람으로서 나 자신을 포함한 전국 다양한 직장의 부장님들 및 이와 비슷한 위치에 있는 분들이 명심할 것들을 적어보겠다. 경어체가 아님을 용서하시라. 저녁 회식 하지 마라. 젊은 직원들도 밥 먹고 술 먹을 돈 있다. 친구도 있다. 없는 건 당신이 뺏고 있는 시간뿐이다. 할 얘기 있으면 업무 시간에 해라. 괜히 술잔 주며 '우리가 남이가' 하지 마라. 남이다. 존중해라. (중략) 상사가 개떡같이 말해도 찰떡같이 알아들어야 한다는 사람들이 있다. 아니 처음부터 찰떡같이 말하면 될 것을 굳이 개떡같이 말해놓고 찰떡같이 알아들으라니 이 무슨 개떡 같은 소리란 말인가…."

그뿐 아니다. 다양한 사회 문제에 대해 어김없이 자신의 뜻을 글로 써서 수많은 이들을 공론의 장으로 불러모았다. 그와 같은 사회 지도자층뿐 아니라, 우리 주변의 평범한 이들도 글쓰기로 선한 영향력을 발휘하고 있다. 경찰청 대변인, IT 회사 개발자 등 직장인들의 글쓰기 도전도 계속되고 있고 전업주부의 작가 데뷔도 이어지는 추세다. SNS를 통해 20년 살림의 노하우를 선보인 한 주부는 책을 내서 베스트셀러 작가가 되었고, 그것을 계기로 제2의 인생을 시작할 수 있었다.

소설가나 시인이 아닌 평범한 독자들이 작가가 되는 시대가 왔다. 김 차장, 최 대리, 유찬이 엄마…. 그들이 오늘도 글을 쓰는 이유는 무엇일까? 그들은 새로운 세상으로 나아가는 첫걸음으로 글쓰기를 선택했다. 글쓰기가 내 안에 숨겨진 상처를 다독이고 못다 한 열정을 발견하는 최선의 방법이라는 것을 알고 있었기 때문이다.

참고 자료

조르주 페렉, 『W 또는 유년의 기억』, 이재룡 옮김, 펭귄클래식코리아, 2011 | 권유리야, 「혁명을 지속하는 텍스팅(texting)과 진정성의 기획 - 조르주 페렉의 소설을 중심으로」, 부경대학교 인문사회과학연구소, 2020 | 김연수, 『소설가의 일』, 문학동네, 2014 | 「문학평론가 황현산 "글쓰기는 더 넓은 자기가 되는 일"」, 《채널예스》, 2013년 8월 9일 | 「나는 기억한다, 고로 존재한다」, 《주간동아》, 2014년 10월 21일 | 「소설집 3권 펴낸 발전소 직원… "백제 알리고 싶어요"」, 《한국경제》, 2017년 2월 6일 | 「글쓰는 판사들… 문유석, 도진기」, 《YTN 김호성의 출발 새아침》, 2019년 6월 21일

HOMO FABER

06

세상을 바꾼 이야기

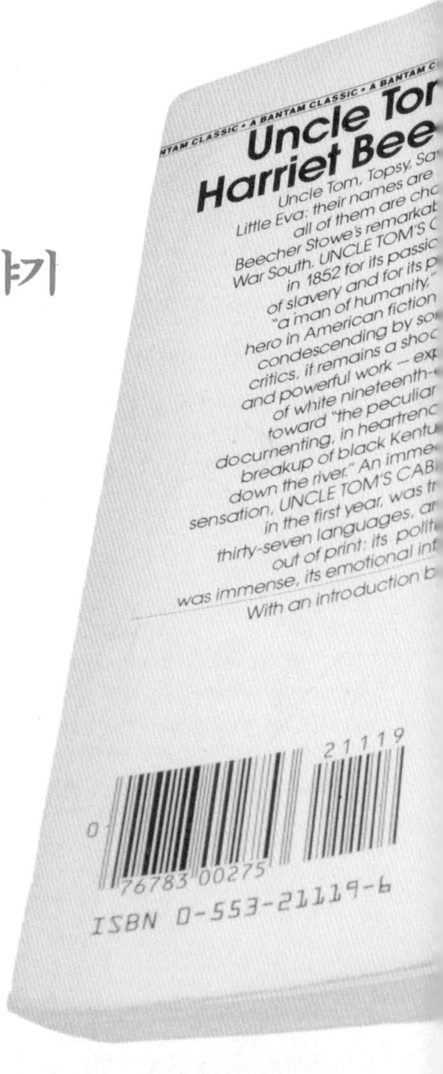

ON AIR 20200706

출간 첫해인 1853년에만 30만 부가 판매된 『톰 아저씨의 오두막』

한 편의 소설이 만들어낸 위대한 변화

성서 이래 최대 베스트셀러는 무슨 책일까?
바로 노예제도 논쟁이 치열하던 1853년 출간되어
그해에만 30만 부가 판매된 『톰 아저씨의 오두막』이다.

출간 당시 이 소설은 '비인간적인 제도를 고발한다'는 찬사와
'그저 편견으로 가득 찬 거짓말이다!'라는 비난을
동시에 받았다.
하지만 분명한 사실은
이 책은 '세상을 바꾼 이야기'라는 것이다.

주인이 노예의 목숨까지 앗을 수 있던 시절,
그나마 노력으로 자유를 얻을 수 있던
다른 나라의 노예들과 달리
미국 남부의 흑인 노예들은 결코 자유를 얻을 수 없었다.
1850년 미국에서는 노예의 도망을 도운 사람들을 처벌하고
도망친 노예를 폭력으로 잡을 수 있게 하는
'도망노예단속법'까지 제정되었다.

'도망친 노예는 재판 없이 소유자에게 넘겨지고,
그를 도와준 이 또한 처벌된다.'
이는 해리엇 비처 스토Harriet Beecher Stowe가
『톰 아저씨의 오두막』을 쓰게 된 계기가 되었다.
분노한 그는 교회 예배 도중
매 맞고 있는 남루하고 늙은 노예의 환영을 보게 된다.
"이 소설은 나의 것이 아니다.
신이 나로 하여금 이야기를 쓰게 했다."
훗날 해리엇 비처 스토가 이렇게 말한 이유도 여기에 있다.

1811년, 11남매 중 일곱째로 태어난 해리엇.
그의 아버지는 미국 코네티컷주 리치필드에서 유명했던

장로교 목사이자 노예 찬성론자 리만 비처Lyman Beecher로,
노예제 반대론자들에게 소총을 보내
협박하기도 한 인물이다.
다섯 살 때 어머니를 잃은 해리엇은
언니에게 의지하며 보낸 유년기를 지나 신학을 공부한 후
언니와 함께 초등학교를 열어 아이들을 가르쳤다.
25세에 신학교 교수이자 노예 해방론자인 캘빈 스토와 결혼,
7명의 아이와 함께 가난했지만 평화로운 삶을 살았다.
하지만 그의 글쓰기 본능은 안온한 삶을 허락하지 않았다.

아이들이 잠든 고요한 밤마다 펜을 든 해리엇.
그는 정직하고 성실한 흑인 노예 톰,
톰을 인간적으로 아낀 착한 마음씨의 셸비 부부,
노예를 차별하지 않는 셸비 부부의 아들 조지 셸비까지,
현실에서는 찾아보기 힘든 인물들로
아름다운 이야기를 펼쳐낸다.

셸비 가족이 사업 실패로 어쩔 수 없이 톰을 팔게 되면서
이 소설의 비극은 시작된다.
"빌어먹을 짐승 같은 놈아. 내가 말한 게 틀렸다고?"

우여곡절 끝에 만난 주인 사이먼 레글리는
톰을 무자비하게 학대했다.

소설 속 이야기가 정말 사실인지에 관한 논란은 분분했다.
이에 대해 작가는
"이 이야기의 개별적 사건들은 거의 실화이며,
노예제도의 실상을 있는 그대로 드러내고자 했다"라고
밝혔다.

소설이 출간되고 9년 후인 1861년 미국 남북전쟁이 발발했고
이후 1865년에는 노예 해방이 선언된다.
당시 미국 대통령은 이렇게 말했다.
"소설 『톰 아저씨의 오두막』은 노예제도 폐지에
큰 공헌을 했다."

THE SEPARAT

“ The old men of the company, partly by persuasion and pa
ew master's waggon, strove to comfort her.”—Page 103.

THE MOTHER AND CHILD.

rce, loosed the poor creature's last despairing hold, and, as they

전쟁을 촉발시킨 한 편의 소설

"당신이 이 커다란 전쟁을 촉발시킨 책을 쓴 작은 여인이로군요."

『톰 아저씨의 오두막』 작가인 해리엇이 백악관을 방문했을 때 링컨 대통령이 한 말이다. 키가 193센티미터였던 링컨과 비교하면 그녀가 상당히 작아 보이긴 했을 것이다. 하지만 미국의 역사를 바꾼 위대한 작가 해리엇의 눈동자만큼은 형형히 빛났다.

미국 최초의 저항소설로 노예 해방의 기폭제가 된 이 책은 글쓰기가 세상을 어떻게 변화시키는지 잘 보여주고 있다. 당시는 엄혹한 노예제도의 시대로, 『톰 아저씨의 오두막』을 통해 남부 흑인 노예들이 겪는 실상을 비로소 알게 된 이들이 적지 않았다.

당시 노예들은 옥수숫가루로 끼니를 연명하면서 새벽 3시부터 밤 9시까지 혹사당했고 흙바닥에서 잠을 잤다. 주인에게 학대받는 톰의 삶은 나무에 묶여 매질을 당하고 채찍으로 얻어맞으며 감금된 채 굶어 죽어간 당시 노예들의 처절한 삶 그 자체였다. 노예 상인에게 아이를 빼앗기지 않기 위해 밤을 틈타 도망치는 엘리자의 이야기 역시 잔인한 노예제의 실상을 그대로 보여주었다. 또한 혹사당한 노예가 병에 걸리면 죽을 때까지 부려먹은 후 새 노예를 사는 게 경제적이라고 말하는 레글리는 사악한 노예 주인의 상징이라 할 만했다.

소설 속의 생생한 이야기는 침묵하는 다수를 행동가로 바꾸는 촉매제 역할을 한다. 소설이 세상을 바꿀 수 있다고 단언하긴 어렵다. 하지만 사람들을 조금씩 변화시킬 수는 있다. 많은 소설이 시대의 등대가 된 까닭도 여기에 있으리라.

한편 소설을 쓰지도 잘 읽지도 않는 시대를 사는 우리에게 '소설'은 어떤 의미일까? 얼마 전 국회 법제사법위원회 회의에서 국회의원의 질의에 한 장관이 "소설을 쓰시네"라고 발언해서 물의를 빚은 바 있다. 이는 흔히 누군가 말도 안 되는 소리를 함부로 지껄일 때 하는 핀잔의 말로, 소설이 그저 '거짓말 나부랭이'에 불과하다는 인상을 준다.

'소설 같다'는 말이 점점 더 부정적 의미로 통용되고 있다. 하지만 소설을 허구의 이야기로만 치부할 수 있을까? 수많은 소설이 현실보다 더 현실적인 이야기를 담아내서 시대정신의 상징적 역할을 해왔음은 결코 부정할 수 없다.

소설 소멸의 시대에 우리가 생각해봐야 할 점은 소설의 본질이자 문학의 힘이다. 소설 속에 재현된 허구적 현실은 우리의 실제 삶보다 더 현실적이기도 하고 본질을 관통하기도 한다. 수많

노예 해방의 기폭제가 된 『톰 아저씨의 오두막』 작가 해리엇과 링컨 대통령의 만남

은 고전 작품들이 당대의 사회를 바꾸고 오늘날까지 읽히면서 변화와 진화의 밑거름이 된 데는 이유가 있다.

글쓰기가 벤저민 프랭클린에게 가져다준 행운

미국 하버드대학이 선정한 고전필독서 목록 중 첫 번째는 『프랭클린 자서전』이다. 그런데 책을 읽은 학생들이 한결같이 놀라며 하는 질문이 있다. “벤저민 프랭클린의 업적이 모두 사실인가요?”

미국 건국의 아버지이자 100달러 화폐의 모델, 신문발행인, 저술가, 과학자, 발명가, 외교관, 정치가, 인쇄업자…. 이 많은 일들은 놀랍게도 한 사람의 생애를 거쳐간 직업들이다. 더 놀라운 것은 프랭클린이 학비가 없어서 학교 교육을 거의 받지 못했다는 사실이다.

프랭클린에게 공부의 시작은 독서였고, 끝이자 완성은 글쓰기였다. “독서는 정신적으로 충실한 사람을 만든다. 사색은 사려 깊은 사람을 만든다. 그리고 글쓰기는 확실한 사람을 만든다.” 그는 자서전에서 글쓰기가 자신의 인생에 큰 도움이 되었고, 성공의 중요한 역할을 했다고 밝혔다.

프랭클린은 책을 좋아하는 친구 존 콜린스와 여러 가지 주제를 놓고 논쟁을 벌였다. 만날 수 없을 때는 편지로 토론을 이어갔고, 그 편지를 본 아버지의 조언을 바탕으로 부단히 글쓰기 연습을 했다. 그는 잡지에 실린 훌륭한 글을 골라 요약본을 만들었다. 그리고 며칠 뒤 그 요약본을 바탕으로 적합한 단어를 골라 원문과 같은 길이로 상세히 표현한 글을 작성했고, 이를 다시 원문과 비교하여 잘못된 점을 찾아 고쳤다.

'문장의 달인'이 되고 싶었던 그는 어느 날 형이 발행하는 신문에 익명으로 기고하여 호평을 받자 글쓰기에 자신감을 얻었다. 글에 대한 프랭클린의 놀라운 집착은 평생 이어졌다.

프랭클린은 정치에 입문해서도 글로 자신의 생각을 전했다. 전토 클럽에 먼저 글을 발표하여 지지를 받은 후 법률 제정이나 정책으로 이어지게 했다. 일례로 경찰관 부정행위에 관한 글, 논문 「펜실베이니아 청년 교육에 관한 제언」 등의 글로 여론을 호의적으로 조성한 다음 일을 추진하여 성공적으로 실행한 것이다.

1732년부터 발행된 '가난한 리처드의 달력' 또한 프랭클린의 글쓰기 영향력을 엿볼 수 있는 사례다. 달력 여백에 교훈이 될 만한 글귀를 써넣었는데 주로 근면과 절약이 부를 이루는 길이며 덕을 완성하는 수단이라는 내용이었다. 당시 이 달력은 전 세계적으로 인기를 끌었다. 1776년 마침내 그는 미국 독립선언문 작성을 위한 위원회의 위원으로 선출되어 '독립선언문'을 기초한다.

훗날 그는 아들에게 쓴 편지에서 자신의 생을 '행운이 가득했던 삶'이라고 밝혔다. 가난하고 이름 없는 집안에서 태어나 인쇄소 견습생으로 사회생활을 시작한 벤저민 프랭클린. 그가, 마르크스가 존경하는 경제학자이자, 데이비드 흄이 꼽은 신세계 최초의 철학자, 당대 최고의 문필가가 될 수 있었던 것은 '읽을 만한 글을 쓰고, 글로 쓸 만한 행동을 했기' 때문이라고 요약할 수 있다. 프랭클린에게 글쓰기는 목적이 아니라 삶의 방식이었다. 교묘한 솜씨가 아닌 논리정연한 글, 누가 읽어도 이해할 수 있도록 겸손의 미덕을 갖춘 글을 쓰기 위해 그가 해온 노력의 과정은 곧 삶의 태도가 되었다.

프랭클린의 조언처럼 글쓰기 습관은 나쁜 습관들을 하나둘씩 지워 나를 제대로 바라보게 한다. 글쓰기가 작가만의 전유물이 아닌 이유다. 다이어리에 적는 사소한 글조차도 결코 사소하지 않다.

참고 자료

「세상을 바꾼 책 이야기- 침묵하는 다수를 행동가로 바꾼 노예 해방 전쟁의 부싯돌」, 《신동아》, 2012년 8월 21일 | 「여자의 책방: 노예제를 뒤집은 문학의 힘」, 《우먼센스》, 2020년 11월 | 「미국 남북전쟁의 시작이 된 역대급 베스트셀러 소설」, 《직썰》, 2020년 3월 21일 | 「소설가협회 "추미애 '소설 쓰시네' 발언 사과하라」, 《조선일보》, 2020년 7월 30일 | 벤저민 프랭클린, 『프랭클린 자서전』, 주영일 옮김, 동서문화사, 2012 | 「좋은 글 하나를 통째 '삶아 먹었다'」, 《티타임즈》, 2019년 9월 26일

HOMO FABER

07

다시 쓰는 사람

ON AIR 다시 쓰는 사람 20200525 | 사소한 부탁 20180903

The Yellow Books, 1887, Vincent van Gogh, oil on canvas

타인의 '사정'을 헤아리는 사람들

"시를 읽고 시에 대해 글을 쓰고 사람들에게 시를 소개하는 것

그게 저의 직업입니다.

시에 등장하는 이야기들은 아주 사소합니다.

제가 시를 좋아하는 이유도 그 사소함 때문입니다."

— 황현산

1950년 전남 신안군의 작은 섬 낙도에는

글을 읽고 쓸 줄 아는 사람이 거의 없었다.

가난한 사람들이 산에서 나무를 하다가 들키면

벌금을 물렸는데

아무리 사정을 말해도 돌아오는 대답은 같았다.
“그건 당신 사정이고!”
그런데 말을 못한다고 해서 하고 싶은 말이 없는 건 아니다.

말 못 하는 사람의 숨은 말을 읽어내고 싶었던 한 사람.
오래전 마을 어른에게 책 읽어주기를 좋아하던 섬 소년이
우연히 랭보의 시집을 읽다가 시의 세계에 빠져들어
평론가이자 번역가로 문학을 공부해온 50여 년의 세월.

고 황현산 선생은 번역가이자 평론가로서
‘사람들 저마다의 사정’을 품고 있는
시의 사소함에 대해 이야기했다.
그는 사람들의 사소한 사정들이 실상은 연결되어 있고,
그 사정 이야기를 들어줄 사람이 어딘가에는 분명히 있을
거라고 믿게 되는 것이 바로 ‘변화’라고 말했다.

세상에는 훌륭한 이론들이 있지만
거기에 힘없는 사람들의 속사정을 대변해줄 말은 없다.
하지만 문학은 힘없는 사람의 입을 대변할 수 있다.
글을 쓴다는 것은 사소한 것들이 지닌

독창성을 발견하고 확장시키는 과정이다.

그렇게 우리는 나와 타인 그리고 세상에 대한

관심과 애정이 깊어진다.

평론가의 글쓰기, 연결하다

"왜 평생 읽고 쓰십니까?"

"사람이니까요."

문학평론가 고 황현산 선생이 생전에 『밤이 선생이다』 발간을 기념하는 자리에서 받은 질문과 그 답이다. 그의 짧은 답 속에는 '언제나 끝까지 잊어버리지 않는 것은 글 쓰는 사람들이고, 사실은 잊어버리지 않는 사람만 글 쓰는 사람이 된다'는 오랜 믿음이 담겨 있다.

그렇다면 글을 쓰기 위해 무엇을 잊지 않아야 하는 것일까? 사람은 저마다의 사정, 즉 남이 알아주지 않는 상처와 울분 그리고 기쁘고 행복했던 순간들을 품고 있다. 물론 삶을 살아가다 보면 그것을 기억해내는 것조차도 힘겨울 때가 있다. 하지만 글을 쓴다면, 비록 타인의 위로를 받을 수는 없더라도 적어도 내가 나의 삶을 다독일 수는 있다. 글을 쓰는 시간은 삶 속에서 만난 수많은 감정과 관계를 응시하는 시간이다. 그 애도의 시간을 통과한 삶은 다르다.

잘 있거라. 짧았던 밤들아
창밖을 떠돌던 겨울 안개들아
아무것도 모르던 촛불들아. 잘 있거라.

— 기형도 '사랑을 잃고 나는 쓰네' 중

이 시의 제목을 두고 선생은 이런 의문을 품는다. "이 시의 제목은 왜 '사랑을 잃고 나는 운다'가 아니라 '사랑을 잃고 나는 쓴다'일까? 이 사람은 사랑하는 사람이 떠나서 슬픈 걸까? 내 사랑이 변해서 슬픈 걸까?"

낯선 시 속에 숨은 비밀을 읽어내려 했던 평론가의 글쓰기는 시를 읽는 독자들과 시인 사이를 연결해주는 가교 역할을 한다. 평론가 신형철도 자신의 글쓰기를 '문학과 세상을 연결하는 글'이라 말했다.

잠을 자려고 하는 시인과 소설가들 앞에서 내가 춤을 추기도 했을 것이고, 내가 춤을 출 때 독자들이 잠을 자기도 했을 것이다. 때로 우리는 한 배를 타게 되지만 그 배가 하늘로 날아오를지 벼랑으로 떨어질지 대부분 알지 못한다. 글을 쓴다는 것은 그런 줄을 알면서도 그 어떤 공동체를 향해 노를 젓는 일이다.

— 『느낌의 공동체』 중에서

삶에 있어 저마다의 사정이 있듯이 글쓰기도 저마다의 의미가 있을 것이다. 평론가는 이러한 저마다의 사정과 의미를 최대한 읽어내서 독자에게 보여주되 강요하거나 강제하지 않는다. 그저 자신의 해석을 하나의 의견으로 내밀 뿐이다. 누군가는 그러한 해석에 동의할 테고 누군가는 반대할 것이며, 누군가는 여러 의견 중 하나라고 받아들일 터다. 평론은 점수를 매기거나 자신의 호불호에 따라 낙인을 찍는 일이 아니다. 그저 하나의 의견일 뿐이다. 작가와 독자를 이어주는 다리일 뿐이다. 그 다리를 건널지 말지는 각자의 선택이다.

번역가의 글쓰기, 해석하고 전달하다

우리나라에서 한 해 동안 출간되는 책 중 번역서의 비중은 19퍼센트에 이른다(2018년 기준). 우리가 다양한 언어의 작품을 전부 읽을 수 있는 까닭은 작품의 국적을 없애주는, 지은이 옆에 이름을 올리는 '옮긴이' 덕분이다.

해외 도서와 한국 독자를 연결하는 번역가. 그들은 문학과 독자를 연결하는 평론가와 같은 역할을 하는 '제2의 작가'라 할 수 있다. 번역의 어원은 라틴어 'Treans+Fero'로, 즉 '건너서 나르다'의 의미를 갖고 있다. 글로 쓰인 언어를 또 다른 언어로 재탄생시키는 번역가는 언어와 언어 사이를 자유롭게 오가기 위해 몇 가지 요건을 갖추어야 한다. 첫 번째는 원어의 내용을 파악할 수 있는 '이해력', 두 번째는 적절한 단어로 바꿀 수 있는 '어휘력', 세 번째는 단어를 글로 엮을 수 있는 '문장력'이다.

이 모든 요건을 아울러서 번역가의 가장 중요한 요건은 '전달력'이다. 번역가는 다양한 나라의 문화, 풍습, 역사가 밴 글의 맛과 멋을 살리고, 말의 템포와 리듬 그리고 기이한 설정과 복잡한 심리를 섬세하게 묘사해내야 한다. 우리에겐 없는 단어의 대체어를 찾아야 하고, 쉼표에 담긴 의미까지 파악해 한 언어와 다른 언어 사이의 미묘한 간극을 메워 가장 완벽한 문장으로 독자들에게 전달할 수 있어야 한다.

하지만 내가 하는 말을 타인이 완벽하게 이해하지 못하듯, 원작을 100퍼센트 이해하는 건 불가능에 가까운 일이다. 그래서 번역가는 수천 개의 문장으로 이루어진 한 작품을 위해 수천 걸음을 내디딜 때마다 눈앞에 놓인 선택을 두고 고민한다. "한 문장을 번역하는 데 스무 가지 가능성을 놓고 고민했다." 영국의 번역가 데보라 스미스Deborah Smith의 말이다.

번역가의 역할은
악보를 재해석하는
지휘자, 같은 풍경을
다르게 담아내는
화가와 같다.
Treans
+Fero

번역가의 역할을 단어를 갈아 끼우는 번역기와 비교해서는 안 될 것이다. 그들은 자신의 직관과 영감으로 단어의 미세한 차이를 읽어낸다. 악보를 재해석하는 지휘자나 같은 풍경을 보고도 다른 풍경을 캔버스에 담는 화가처럼 원어에 갇힌 의미가 우리에게 날아올 수 있도록 원어에 새로운 옷을 입혀 또 하나의 작품을 만드는 역할을 해내고 있다.

우리 문학을 해외로 알리는 원어민 번역가도 마찬가지다. 2020년 한 해는 그 어느 때보다도 한국문학이 세계적으로 주목받았다. 지난 4월, 손원평의 소설 『아몬드』의 일역본이 일본 서점 대상 번역소설 부문에서 수상한 이후로 한국문학의 해외 수상 소식이 잇따랐다. 최돈미의 시집 『DMZ 콜로니』가 미국 최고 권위의 전미도서상 시 부문에서 수상한 것이나 김금숙의 『풀』 영역본이 '만화계 오스카상'으로 불리는 하비상에서 최고 국제도서 부문 수상작으로 선정된 것이 대표적이다.

이탈리아 격언에 이런 말이 있다. '번역가는 반역자다.' 즉 새로운 것을 취하려고 기존의 것을 거스르는 반역자처럼 새로운 것을 취하려고 기존의 것을 다시 쓰는 사람이라는 의미다. 번역가의 글쓰기에 다시 한번 주목해야 하는 이유다.

참고 자료

「'그건 네 사정이고' 반대편에서 시작되는 은밀한 밤의 수업!」, 《프레시안》, 2014년 6월 12일 | 황현산, 『밤이 선생이다』, 난다, 2016 | 황현산, 『사소한 부탁』, 난다, 2018 | 신형철, 『느낌의 공동체』, 문학동네, 2011 | 이종인, 『번역은 글쓰기다』, 즐거운상상, 2009 | 그레고리 라바사, 『번역을 위한 변명』, 이종인 옮김, 세종서적, 2017 | 「한국 위상 드높인 K문학… 배경엔 '좋은 번역' 있었네」, 《매일경제》, 2020년 11월 30일

HOMO FABER

08

세상에 없던 글

ON AIR 20200914

'나는 나 자신으로 무엇을 만들 수 있는가?'
서른일곱 살의 한 남자가 스스로에게 묻는다.
그는 16세기 프랑스의 르네상스를 대표하는
철학자이자 문학자이며 『수상록』의 저자 몽테뉴다.

몽테뉴Michel Eyquem de Montaigne가 살았던 16세기는
유럽 역사상 손꼽히는 암흑기로, 종교개혁의 후폭풍으로
가톨릭과 신교의 대립이 극단으로 치닫던 시기다.
신교는 다시 칼뱅파와 루터파로 갈려 싸우고 있었다.
당시 지식인들은 이 분파 중 하나에 가담해 자신을

증명해야만 했다.
하지만 몽테뉴는 어느 쪽도 선택하지 않고 '나' 자신을 선택했다.

오랜 기간 근무하던 법관직을 그만두고 3층 높이 성에
홀로 머물며 고대 서적을 살피는 몽테뉴.
이윽고 펜을 들어 자유롭게 써 내려간 글.
"이 글의 소재는 나 자신이며
이 글의 목표는 나를 정직하게 묘사하는 것이다."

하나의 형식으로 정의할 수 없는 낯선 글,
하지만 자신의 모든 것을 담아내고자 한 새로운 글.
"나는 키케로보다는 나 자신에 대한 전문가가 되겠다.
늙음과 죽음을 기꺼이 받아들여라.
지금, 이 순간을 온전히 즐겨라.
진짜 나답게 되는 법을 알라…."

무엇에도 얽매이지 않는 나에 대한 자유로운 기록과
이를 통해 깨닫게 된 삶의 지혜를 담은 이 책은 『수상록』이다.
1580년 몽테뉴가 47세였을 때

총 3권으로 구성된 『수상록』의 1권과 2권이 나왔다.
이후 지병을 치료하기 위해 2년간 여행을 떠났고
보르도 시장직 등을 4년간 경험한 뒤
기존에 썼던 글을 600군데 이상 수정하고
추가로 한 권을 더 집필해 1588년 3권이 나왔다.
몽테뉴는 죽기 전까지 이 책을 계속 수정했다.
그리하여 여전히 완성되지 않은 글.

"사람은 유한하지만 진리는 무한하다."
하지만 우리의 능력은 현실을 완벽하게 혹은 확실하게
파악하는 데 한계가 있다.
'그때그때 떠오르는 느낌이나 생각을 적은 글'을 뜻하는
'수상록'은 수필이라는 새로운 문학 장르의 모태가 되어
후대 사상에 커다란 영향을 끼친다.
프랑스 왕 앙리 4세의 부름마저 사양하고
변화하는 자신에 대한 관찰을 멈추지 않은 남자, 몽테뉴.

"우리는 잘 모르는 것을 가장 굳게 믿는다.
하지만 판단의 주체도 판단의 대상도 끊임없이 변화하므로
판단을 유보하는 것이 더 나을 때가 많다."

늘 자신을 경계하고 성찰했던 몽테뉴.

그는 늘 어떻게 '나'를 정직하게 묘사할지,

진짜 '나다운' 것은 무엇인지를 고민하며 글을 썼다.

솔직하게 거리낌 없이 나 자신에 대한 글을 쓸 수 있다면

'어떻게 살 것인가'에 대한 답도 찾을 수 있지 않을까.

『수상록』의 초판본 표지

"나는 키케로보다는
나 자신에 대한
전문가가 되겠다.
늙음과 죽음을
기꺼이 받아들여라.
지금, 이 순간을
온전히 즐겨라.
진짜 나답게 되는
법을 알라…"

쓴다는 것은 곧 '생각한다'는 것

오늘날 2030세대는 'MZ세대(밀레니얼세대+Z세대)'라 불린다. 이들은 주로 유튜브와 각종 SNS 플랫폼을 통해 콘텐츠를 소비한다. 더불어 가장 고전적인 콘텐츠 제작 방식인 글쓰기는 이들에게도 여전히 관심의 대상이다. 온라인에 다양한 글쓰기 플랫폼이 생겨나면서 작가가 되는 진입장벽이 낮아져 2030 직장인이나 학생들의 글쓰기 욕구도 갈수록 늘어나고 있다.

2016년 문을 연 교육 스타트업 '퇴사학교'는 현재 온라인 교육 콘텐츠 사업으로 변모하면서 다양한 프로그램을 운영하고 있다. 그중 글쓰기 프로그램이 단연 인기인데 웹소설 작가를 꿈꾸는 직장인들뿐 아니라 '보통 직장인의 위대한 글쓰기'와 같은 무목적 글쓰기 수업도 수강생의 열기가 뜨겁다. 2030세대뿐 아니라 50대까지 연령층도 다양하다.

대표적인 콘텐츠 퍼블리싱 플랫폼인 카카오 브런치에는 2019년 기준으로 약 2만 7,000여 명의 작가가 활동 중이고, 이들이 출간한 책은 1,200여 권에 달한다. 매년 공모전을 통해 출간을 지원하는 '브런치북 프로젝트'를 통해서는 지금까지 7회에

걸쳐 총 207명의 신진 작가와 『90년생이 온다』, 『안 느끼한 산문집』, 『내 마음을 돌보는 시간』 등의 베스트셀러를 발굴했다.

글쓰기를 통해 새로운 도전을 하려는 젊은층이 점점 더 늘어나는 이유는 무엇일까? 작가가 되어 책을 출간하고 싶다는 열망도 있겠지만, 온라인 글쓰기를 통해 소통하는 즐거움과 자신만의 '일상력'을 키우기 위함이다.

이들이 쓰는 글의 주제는 '나'에서 시작한다. 바쁘고 고달픈 직장 생활로 잊고 있던 '나'라는 존재를, 글을 쓰는 작업을 통해 새롭게 발견하고 이해하게 된 것이다. 온라인 콘텐츠 교육업체 수강생들이 말하는 글쓰기의 효과는 '몰입과 해소'다. 그들은 차분하게 생각하며 글을 쓴 뒤, 동료들과 함께 읽어보고 대화를 나누는 과정 속에서 일상의 스트레스가 풀리고 치유되는 느낌을 받는다고 말한다.

> 어제는 너무 과음을 했고, 오늘은 직장에서 깨졌고, 내일 중요한 업무가 있고… 등등의 이유로 글쓰기를 항상 미뤄왔습니다. '뭔가 번쩍 영감이 떠오를 거야, 그때까지 기다려보자'라고 생각하거나 '에이 내가 글을 깨작거린다고 작가가 될 수 있겠어? 지금 하는 일이나 잘하지'라고 생각하거나. 그런데 글쓰기 수업을 통해 내가 왜 글을 써야 하고, 어떤 글을 써야 하는지, 내 꿈을 위해 어떤 시

도를 해야 하는지 점검할 수 있었습니다.

'보통 직장인의 위대한 글쓰기' 수업을 들은 한 수강생이 남긴 후기 중 일부다. 이처럼 글을 쓴다는 것은 그 목적이 무엇이든 간에 '나'를 이해하고 정직하게 표현하는 법을 배우는 공부다. 또한 내가 아닌 타인의 삶에 더 많은 관심을 두어 소외감과 박탈감을 자초한 이들이 등한시했던 자신을 탐구하는 시간이다.

"세계에서 가장 위대한 것은 나답게 되는 법을 아는 것이다." 16세기의 철학자 몽테뉴는 그 방법을 알기 위해 글을 썼다. 21세기 직장인들이 퇴근 후 글쓰기에 몰두하는 것도 이와 다르지 않다. 글 쓰는 시간 자체가 나다운 것이 무엇인지를 고민하는 시간이며, 그 과정에서 '나'를 정직하게 바라볼 용기도 생길 것이다.

새벽 글쓰기로 하루를 내 손에 움켜쥐다

"나는 새벽 4시에 일어나 5~6시간 정도 집필을 하고, 오후에는 10킬로미터를 달리거나 1.5킬로미터를 수영합니다."

— 무라카미 하루키

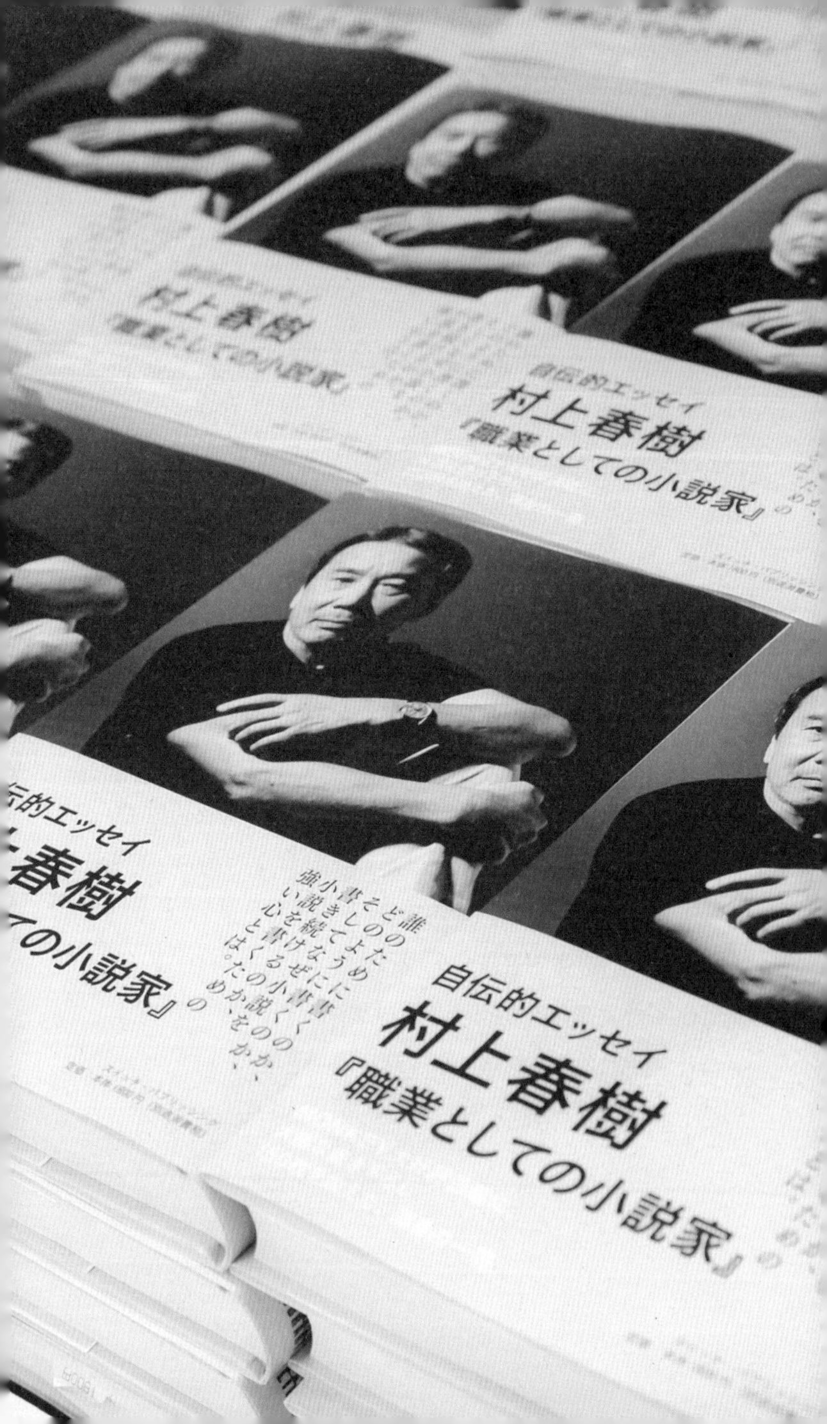
自伝的エッセイ
村上春樹
『職業としての小説家』

"소설이나 단편을 쓸 때 매일 아침 6시, 가능하면 해가 뜨자마자 글을 씁니다. 방해할 사람도 없고 날은 서늘하거나 춥고, 글을 쓰다 보면 어느새 몸이 훈훈하게 달궈집니다."

— 헤밍웨이

데뷔 이후 단 한번도 슬럼프가 없었다는 하루키. 그는 글을 쓰는 것이 늘 즐겁고 자유롭다고 말했는데 그 비결 중 하나는 '새벽 글쓰기'에 있다. 이는 거장들의 대표적인 글쓰기 루틴 중 하나로, 실제 많은 작가가 새벽의 기운을 글쓰기 최적의 조건으로 꼽았다.

최근 글쓰기의 매력에 빠진 직장인과 주부들도 '새벽 글쓰기'에 도전 중이다. 그렇게 아직 동이 트기 전, 맑은 정신으로 책상 앞에 앉아 하루를 준비하며 글을 쓰는 과정 속에서 오늘 하루를 내 손에 쥘 수 있다는 자신감을 얻고 있다. 하루의 계획과 같은 단순 메모에서 '오늘 하루를 어떻게 살아야 할 것인지'에 대한 진지한 글까지, 혹은 고전 필사나 감상문 쓰기 등 새벽 글쓰기의 주제와 방식은 매우 다양하다.

엄마표 영어교육 전문가이자 베스트셀러 작가인 '새벽달' 남수진은 최근 블로그와 인스타그램 팔로워들과 함께 '12주 모닝 글쓰기 챌린지'를 이어나갔다. 줄리아 카메론의 『아티스트 웨이』로 매일 글감을 얻어 1시간 정도 글을 쓰는데 이를 인증샷이

나 영상으로 만들어 인스타그램 피드로 올린다. 이렇게 글쓰기를 함께하는 이들과 공유하고 온라인 소모임을 통해 자신이 쓴 글을 낭독하는 시간도 갖는다.

남수진이 모닝 글쓰기에 동참하는 이들에게 바라는 바는 '온 세상이 잠든 고요한 새벽, 모닝 글쓰기를 하는 그 순간에 집중하는 것과 행行함이 주는 평화와 에너지를 충만하게 느끼는 것'이다. 이 모닝 글쓰기에 도전하고 있는 이들 중에는 주부들이 많다. 그들의 소감을 보면 '오롯이 나만의 시간을 만들어서 내 의식의 흐름에 집중할 수 있다는 것만으로도 치유와 위안이 된다', '현재의 상태와 미래에 대한 구상 등을 편하게 할 수 있어서 좋다', '모닝 글쓰기를 하면서 변화하는 내 모습을 쭉 볼 수 있어서 의미가 있다' 등 다양하다.

누구나 언제든지 모닝 글쓰기에 동참해서 완주할 수 있다. 12주 동안의 글쓰기가 인생을 얼마나 변화시킬 수 있겠느냐고 반문할 수도 있다. 하지만 변화를 기대하며 시작했다는 자체가 중요하지 않을까. 글을 쓰며 나에게 몰입하는 시간을 가짐으로써 '내 인생의 아티스트'가 되어 주도적으로 살아갈 결심을 하는 것만큼 값진 경험은 없을 것이다.

참고 자료

「동영상 홍수 속에도 '글쓰기' 매력에 빠진 2030 … 왜?」, 《동아일보》, 2019년 8월 11일 | 미셸 드 몽테뉴, 『몽테뉴 수상록』, 손우성 옮김, 문예출판사, 2007 | 「고전인물로 다시 읽기, 〈22〉 수상록의 미셸 드 몽테뉴」, 《서울신문》, 2011년 8월 28일 | 「1인 3역 워킹맘을 작가로 만든 '글쓰기의 맛'」, 《베이비뉴스》, 2020년 10월 28일 | 「모닝글쓰기」, 영어책 읽어주는 새벽달 블로그

HOMO FABER

09

작가의 탄생

ON AIR 20180409

'재미있어요.'

"살면서
처음 받은
칭찬이었습니다."

매일 글을 쓰다 보니·어느새 작가가 되었다

2016년 서울 성수동 어느 건물 지하 주물공장.
10년차 노동자 김동식 씨가 하루 종일 자리에 앉아
500도가 넘는 액체 아연을 국자로 떠서 금형 틀에 붓는다.
빙글빙글 도는 틀에서 굳은 아연이
단추, 지퍼, 허리띠 장식으로 바뀌는 동안
그의 머릿속에서 특별한 이야기들이 만들어진다.

온라인 유머 게시판에 무명작가로 글쓰기를 시작한 김동식 씨.
그는 2017년 첫 소설집 출간 이후, 여덟 권의 소설을 낸
베스트셀러 작가이자 드라마 원작자가 되었다.

서른두 살이 되도록 읽은 책이 채 10권이 되지 않았고
중학교 1학년을 마지막으로 학교도 가지 않았으며
평생 살면서 주변에 글 쓰는 사람을 본 적도 없었다.
PC방을 전전하다 스무 살 무렵, 국자를 잡았다.
첫 달 월급 130만 원.

월급으로 산 스마트폰으로
한 웹사이트에 들어가 글을 읽다가
아이디를 만들고 댓글을 달며 글을 쓰기 시작했다.
하지만 글 쓰는 방법을 몰랐기에
인터넷을 통해 글 잘 쓰는 방법을 배우기 시작했다.
2016년 5월, 용기를 내서 올린 첫 번째 소설에 달린 댓글.
'재미있어요.'

"살면서 처음 받은 칭찬이었습니다."
그는 3일에 한 편씩 글을 올리자 결심하고 꾸준히 글을 썼다.
일하면서 이야기를 생각하고, 퇴근해서는 이야기를 쓰고,
반응을 걱정하며 잠들었다가 아침에 일어나 감동하고
행복해했다.

'여기 있는 거 모아서 단편집 내도 대박일 듯! 너무 재밌어요.'
'글 쓰는 법을 배우지 않았다는 건 흠이 되지 않아요.'
'지금 같은 꾸준함이라면 언젠가 글쓰기만으로
살아갈 수 있는 날이 올 겁니다.'

저녁 6시 반 퇴근 후 새벽 1시까지 글을 써서
1년 반 동안 올린 이야기가 단편소설 300편, 원고지 1만 매.
올리는 글마다 조회 수 1만 건 이상 기록,
처음으로 출간한 『회색인간』을 비롯해
그간 낸 소설집들이 무려 13만 부 넘게 팔려나갔다.

유머 게시판 '아무 작가'에서 베스트셀러 작가가 된 김동식 씨.
그는 글을 쓰기 시작하면서 뉴스를 유심히 봤고,
사람들이 어떤 반응을 보이고 어떤 생각을 하는지 살피며
스스로 질문을 던졌다.
그렇게 그는 매일 글을 쓰다 보니 어느새 작가가 되었다.

'지금 같은
꾸준함이라면
언젠가 글쓰기만으로
살아갈 수 있는 날이
올 겁니다.'

쓰기는 생각 근육을 단련하는 도구

"공장에서 아무리 일해도 그 물건이 누구에게 어떻게 쓰이는지 몰라요. 하지만 글은 누군가에게 가고, 누군가 그 글을 읽고 즐거워하면 저는 그게 좋습니다."

소설가 김동식 씨가 생각하는 글쓰기의 좋은 점이다. 그는 중학교는 졸업하지 못했지만, 공장에서 일하는 10년 동안 단 한 번도 결근한 적이 없었다. 그리고 인터넷에 글을 쓰기 시작하면서는 거의 매일 글 쓰는 일을 고민했다. 이제 그에게 글쓰기는 주물 공장에서 펄펄 끓는 쇳물을 금형틀에 옮기는 새로운 국자가 되었다. 삶을 지탱해주고 작가로서의 새로운 인생을 살게 해준 도구인 셈이다.

호모 파베르Homo faber. 인간을 '도구적 인간'으로 정의할 때 인간이 똑똑해서 도구를 사용하게 된 것이 아니라 도구를 사용하면서 똑똑해졌다고 말한다. 무명의 '아무 작가'가 베스트셀러 작가가 된 사정도 마찬가지 아닐까. 글솜씨가 좋아서 글을 쓰기 시작한 게 아니라, 끊임없이 쓰기 위해 세상에 관심을 갖고 질문하면서 그는 조금씩 특별한 작가가 되었다.

그에게 글쓰기는 혼자 하는 고독한 작업이 아니었다. 평생 글 쓰는 법을 한번도 배운 적 없던 그는 댓글과 인터넷으로 글을 배웠다. 글의 전개 방법, 가장 기본적인 맞춤법과 쉽고 간결하게 문장 쓰는 법 등 기본적인 글쓰기 방법을, 글을 쓰고 올리면서 받은 피드백으로 익혔다. 정말 많은 이들이 그의 글을 읽고 조언의 댓글을 달아주었다. 맞춤법을 알려주고, 개연성의 문제점을 지적해주고, 결말을 제안해주고….

학교에서 배운 건 없었지만 글을 쓰면서 만난 사람들과 소통하고 생각하고 질문하면서 작가가 되었다. '학벌도 족보도 없는 무명작가'의 글에 사람들은 열광했고, 그의 글은 문단에서도 좋은 평가를 받았다. 문학평론가 서영인은 그의 소설에 대해 "삶에서 다른 것들을 상상하는 능력. 자기의 서사를 갖고 싶어 하는 자들의 고독한 보람"이라고 평했다.

작가가 되기 위한 글쓰기만 의미 있는 것은 아니다. 아무도 읽어주지 않는 독백 같은 글이라도 나만의 서사를 가질 수 있는 글쓰기라면 무엇이든 좋지 않을까. 상처를 치유하는 글쓰기는 우리를 덜 불행하게, 조금 더 행복하게 해준다. 또한 내 생각과 주장을 논리정연하게 담아내야 할 때는 글쓰기가 최상의 도구이다. 무엇보다 글은 재능 있는 사람만 써야 한다는 고정관념을 버려야 한다.

『대통령의 글쓰기』를 펴낸 강원국 작가는 "생각은 글로 표현되지만, 우리는 또한 글을 보며 생각한다. 생각을 쓰기도 하지만 쓰면서 생각하기도 한다. 생각과 글은 상호작용한다"라고 말했다. 즉 글쓰기 그 자체가 생각 근육을 단련하는 도구가 되어 글을 쓰면 더 깊이 생각하고, 그렇게 생각이 깊어지면 더욱 정제된 글을 쓸 수 있다.

내 인생은 나의 것, 내 멋대로 생각하라

고대 그리스신화에는 '프로크루스테스의 침대'가 등장한다. 악당 프로크루스테스는 지나가는 나그네를 붙잡아 자신의 집으로 데려온다. 배불리 먹인 후 나그네를 침대에 눕히는데 침대보다 나그네의 키가 크면 그의 몸을 잘라 침대에 맞추고, 침대보다 나그네가 작으면 몸을 잡아 늘려 침대 크기에 맞춘다.

이 끔찍한 이야기는 상징적인 의미를 지닌다. 즉 자신의 생각에 상대방의 생각을 억지로 맞추려는 강압적인 행동에 대한 비유이면서, 선택을 강요받는 자의 크나큰 고통에 대한 상징이다.

그래서 시골의사 박경철은 신화 속의 이야기가 "인생의 중요한 선택이 상황에 의해 강요될 경우 우리가 처할 수 있는 난관을 상징한다"라고 말했다. 자의적인 선택이 아닌 상황에 떠밀린 선택은 위험하다. 하지만 사람들은 인생의 중요한 결정을 상황의 강요에 못 이겨 선택하고 오래도록 후회하곤 한다.

인생은 선택의 연속이다. 상황에 이끌려 후회스러운 결정을 내리지 않기 위해서는 어떤 노력이 필요할까? 동서고금의 현인들이 공통적으로 추천하는 방법은 평소 자신의 생각과 주장을 글로 쓰는 연습을 하라는 것이다. 나는 어떤 사람인지, 무엇을 가장 중요하게 생각하는지, 진정으로 원하는 것이 무엇인지에 대한 생각을 글로 쓰는 연습을 지속하다 보면 선택의 순간 자신의 목소리에 가장 먼저 귀 기울일 수 있기 때문이다.

2017년 미국과 우리나라 서점가에 큰 화제를 불러모은 책 중 하나가 『타이탄의 도구들』이다. 저자인 팀 페리스Tim Ferriss는 폭발적인 아이디어, 디테일한 목표, 강력한 실천과 자기주도적 삶으로 놀라운 혁신을 이루어낸 사람들을 '타이탄Titans'이라 명명했다. 그리고 그들의 성공 전략에서 배울 점을 낱낱이 분석했는데 그중 한 가지가 바로 '쓰고, 쓰고, 쓰고, 또 써라'이다. 좀 더 구체적으로는 아침 일기를 쓰라는 것이다. 그는 좋은 글을 쓰기 위해서가 아니라 솔직한 글을 쓰기 위해 아침에 일기 쓰기를 권한다.

어떤 종류의 글이든
꾸준히 쓴다는 것은
강력한 힘을 지닌다.

이는 대부분의 시간 동안 '미래에 매달려 있는' 정신을 현재로 불러오는 행위이다. 아울러 많은 것을 타인의 결정에 맡긴 채 '강요받는' 삶을 사는 이들에게 내 삶을 주도하고 있다는 느낌과 자신감을 주는 가장 효율적인 방법이다. 이 사소한 일상의 디테일이 삶을 내 손 안에 쥘 수 있는 방법이라니, 해볼 만하지 않은가.

기생충 박사 서민 교수도 서른 즈음부터 매일 30분씩 일기를 썼다고 한다. 그가 전공과 무관한 글쓰기로 여러 권의 책을 펴내며 작가가 될 수 있었던 것도 '매일 쓰는 힘'에서 비롯된 것이리라.

어떤 종류의 글이든 꾸준히 쓴다는 것은 강력한 힘을 지닌다. 자기 안에 잠재해 있는 이야기를 끌어내는 원동력이 되기도 하고, 무엇보다 세상을 바라보는 자신만의 관점을 발견하는 과정이기 때문이다.

참고 자료

「주물공장 이야기꾼, 지금껏 없던 글을 쏟아내다」, 《조선일보》, 2018년 3월 3일 | 「'아무 작가' 김동식? 이야기꾼 김동식!」, 《동아일보》, 2020년 4월 24일 | 강원국, 『나는 말하듯이 쓴다』, 위즈덤하우스, 2020 | 「'다르다'는 승자의 언어요, '틀리다'는 패자의 언어다」, 《머니투데이》, 2009년 8월 3일 | 「서민 교수 '내 삶을 바꾼 글쓰기'」, 《채널예스》, 2015년 11월 18일 | 박경철, 『시골의사 박경철의 자기혁명』, 리더스북, 2011 | 팀 페리스, 『타이탄의 도구들』, 박선령·정지현 옮김, 토네이도, 2017

HOMO

PART

3

사색하기

호모사피엔스, 나의 생존 전략은 생각의 힘

SAPIENS

HOMO SAPIENS

10

걷는 인간

ON AIR 20201026

발을 움직여 머리가 깨어나다

영국의 신문기자이자 철학자인 게리 헤이든Gary Hayden.
걷는 것에 아무런 관심이 없던 그는
아내의 행복을 위해 도보여행을 결정한다.

영국의 최북단인 스코틀랜드 존오그로츠부터
최남단 랜즈엔드까지
땅끝에서 땅끝까지 영국을 종단하는 최장 거리의 도보여행.

잠에서 깨어나 텐트를 접고 걷는다.
텐트를 치고 잠들고, 다음 날 아침 다시 텐트를 접고 걷는다.

지루한 반복뿐인 나날도 잠시,
본격적으로 시작된 혹독한 시련.

물집 잡힌 발바닥, 무거운 배낭, 벌레들의 습격,
갑자기 쏟아지는 폭우,
밀려오는 통증과 고통 속에서 깨달은 사실.
'세상은 나나 내 계획에 조금도 관심이 없다.'
덤덤한 마음으로 320킬로미터쯤 걸었을 때
고통이 사라진 자리에 무심함이 깃들었다.

푸르른 나뭇잎과 따스한 햇볕, 어룽거리는 숲길….
그런데 이 아름다운 풍경 앞에서 어느새 무심해진다.

대상에 집중하며 관찰하려 할수록
완벽한 '이 순간'에 몰입할 수 없기 때문이다.
대신 오로지 걷기에만 집중해서 걷고 또 걸으며
어느샌가 '어떤 생각'에 몰두하게 되었다.
너무 두렵거나 수치스러워 평소 외면해온
그 '어떤 생각'을 담담히 마주하는 나.

수많은 철학자가 머릿속이 복잡하거나
마음의 갈피를 잃었을 때
우울을 물리치고 깊이 사유하는 방법으로 걷기를 선택했다.
한 발짝과 다음 발짝 사이, 규칙적인 균형 잡기를 통해
사유의 균형을 이루는 일, 걷기.

걷는 것을 좋아하지 않던 게리 헤이든은
석 달간 1,900킬로미터, 250만 걸음을 물러섬 없이 나아가며
긴 여정을 마쳤을 때 한 철학자의 문장을 떠올린다.

"인생은 뒤돌아볼 때 비로소 이해되지만
우리는 앞을 향해 살아가야 하는 존재다."
— 키에르케고르

철학자, 사유의 숲을 걷다

루소, 홉스, 니체, 칸트, 아인슈타인, 소로… 흔히 철학자라고 알고 있는 이들의 공통점은 무엇일까? 걷기를 즐겨 했다는 점이다. 책을 펼쳐든 채 활자 속에서 진리를 파고들었을 것 같지만 그들이 좋아한 것은 따로 있었다. 그들은 걸으면서 사색하는 걸 가장 좋아했다. 물론 걷기는 인간의 보편적인 행위이지만 철학자나 문학가 중에는 걷기를 사랑했던 이들이 유독 많다.

단신에 몸이 약한 칸트는 매일 저녁 식사 후에 쾨니히스베르크 주변을 산책하곤 했다. 말년까지 눈에 총기를 잃지 않은 것은 이런 규칙적인 생활 덕분이었다. 그의 규칙적인 산책은 30년 동안 이어졌는데, 엄중한 시간을 빼고는 한번도 산책을 거른 적이 없다. 건강을 위해 시작한 산책이었으나 어느새 칸트에게 산책은 연구하는 시간이 되었다. 걷기의 시간에는 온전한 사유가 가능했고, 경험하는 것들을 통해 아름다움과 가치를 느낄 수 있었다.

"나는 기분 전환을 위해서 세 가지에 의지한다. 나의 쇼펜하우어, 슈만의 음악, 마지막으로 혼자만의 산책. 정말이지 훌륭한 기분 전환이다." 니체의 말이다. 그에게 있어 글쓰기와 걷기는 깊은 관련성을 갖는다. 방랑 생활 속에 많이 걸었던 니체는 『차라투스트라는 말했다』에서 "심오한 영감과 위대한 생각은 모두 길 위에서 떠올렸다"고 했다. 니체는 건강을 회복하기 위해 여행을 떠난 것이지만 걷기를 통해 사유하며 새로운 것을 발견하고 실존의 이치를 깨닫는 데 도달했다.

헨리 데이비드 소로는 월든 호수 주변에 손수 지은 작은 집에 살면서 『월든』을 썼다. 자연을 예찬한 작가이자 시민의 자유를 옹호한 실천적 철학자이기도 하다. "삶을 보다 단순하게 만들수록 만물의 법칙 또한 단순해질 것이다"라고 말하며 소로우는 세상에서 완전히 길을 잃어버리는 산책자가 되라고 권유한다. 익숙한 길을 거부하고 끊임없이 새로운 풍경으로 나아가는 것, 걷고 또 걸음으로써 철학에 가까워지는 것이 소로의 걷기 정신이다.

장 자크 루소는 『고백록』에서 이렇게 말했다. "나는 걸을 때만 명상에 잠길 수 있다. 걸음을 멈추면 생각도 멈춘다. 나의 마음은 언제나 나의 다리와 함께 작동한다." 혼자서 걸으면 여행하던 때만큼 많은 생각을 하고 살아 있음을 느낀다고 했다. 걷는 것에는 생각을 자극하고 생명력을 불어넣는 뭔가가 있다. 심지어 유고작 제목도 '고독한 산책자의 몽상'이다.

키에르케고르는 어수선한 도시 생활을 즐겼는데, 성인이 된 후론 집에서 손님을 맞은 적이 거의 없다고 한다. 코펜하겐의 대로가 그의 응접실이었다는 말이 있을 정도로 도시 산책을 즐겼다. 키에르케고르는 걸으면서 가장 많은 생각을 하게 됐고, 우연하고 사소한 것들에서 영감을 얻었다고 했다.

제러미 벤담과 존 스튜어트 밀을 비롯한 수많은 철학자가 먼 길을 걸었으며, 토머스 홉스도 휴대용 잉크병이 장착된 지팡이를 가지고 다녔다. 걷다가 떠오르는 생각을 기록하기 위해서였다. 다산 정약용도 유배지 오솔길을 걸으며 목민牧民을 고민했고 율곡 이이는 "낮에 졸음이 와서 눈꺼풀이 무거워지면 일어나 걸어 다녀라"고 말했다. 아인슈타인도 아침마다 연구소 근처 산책로를 맨발로 산책했는데, 길을 걷던 중 '상대성 이론'을 생각해냈다는 일화도 있다.

프랑스 철학자 로제 폴 드루아Roger-Pol Droit는 『걷기, 철학자의 생각법』에서 "걷기는 인간의 기본적 몸짓, 세상에 존재하는 본래적 방식이다. 오래 걸을수록 걷기는 우리를 사로잡고 점령하며, 우리의 몸짓과 호흡, 리듬, 심장 박동을 바꾼다. 걷기는 생각에 연이은 변화와 새로운 자극을 가져오고 그 흐름을 바꾸어놓는다"라고 말했다.

인류는 걸으면서 뇌를 키웠고 생각이라는 선물도 얻었다. 이와 관련해 로제 폴 드루아는 "인류가 더 이상 걷지 않는다면 모든 게 멈출 것이다. … 덜 걷는 인류는 덜 생각한다. 그리고 그들에게는 더 이상 역사가 없다"고 단언한다. 다소 비약적인 이 발언은 현대사회의 기계화와 자동차의 등장으로 덜 걷게 된 인류가 '생각의 정체'라는 비극을 맞게 되었다는 설명으로 이어진다.

몸과 마음의 연관성을 고려한다면, 걷기 또한 인간의 사유와 깊은 연관이 있음을 부인할 수 없다. 우리는 걸으면서 깊이 생각할 여유를 갖게 되고, 어느새 자신의 내면 속으로 난 길을 찾아가는 법도 배운다.

그들이 산티아고 순례길에 오르는 이유

2016년 개봉된 영화 〈나의 산티아고〉는 한 남자가 '신'을 찾으러 떠난 순례길에서 진정한 '나'를 찾게 되는 여정을 담고 있다. 이 영화는 독일 최고의 코미디언 하페 케르켈링의 실화를 담은 작품이다. 인기 절정의 코미디언 하페는 토크쇼 도중 쓰러져 수술까지 받고, 담당 의사는 과로로 인한 번아웃 증후군 상태이니 '무조건 석 달 동안 아무것도 하지 말라'는 처방을 내린다. 그는 이후 무기력함에 시달리다 돌연 산티아고 순례길에 오른다.

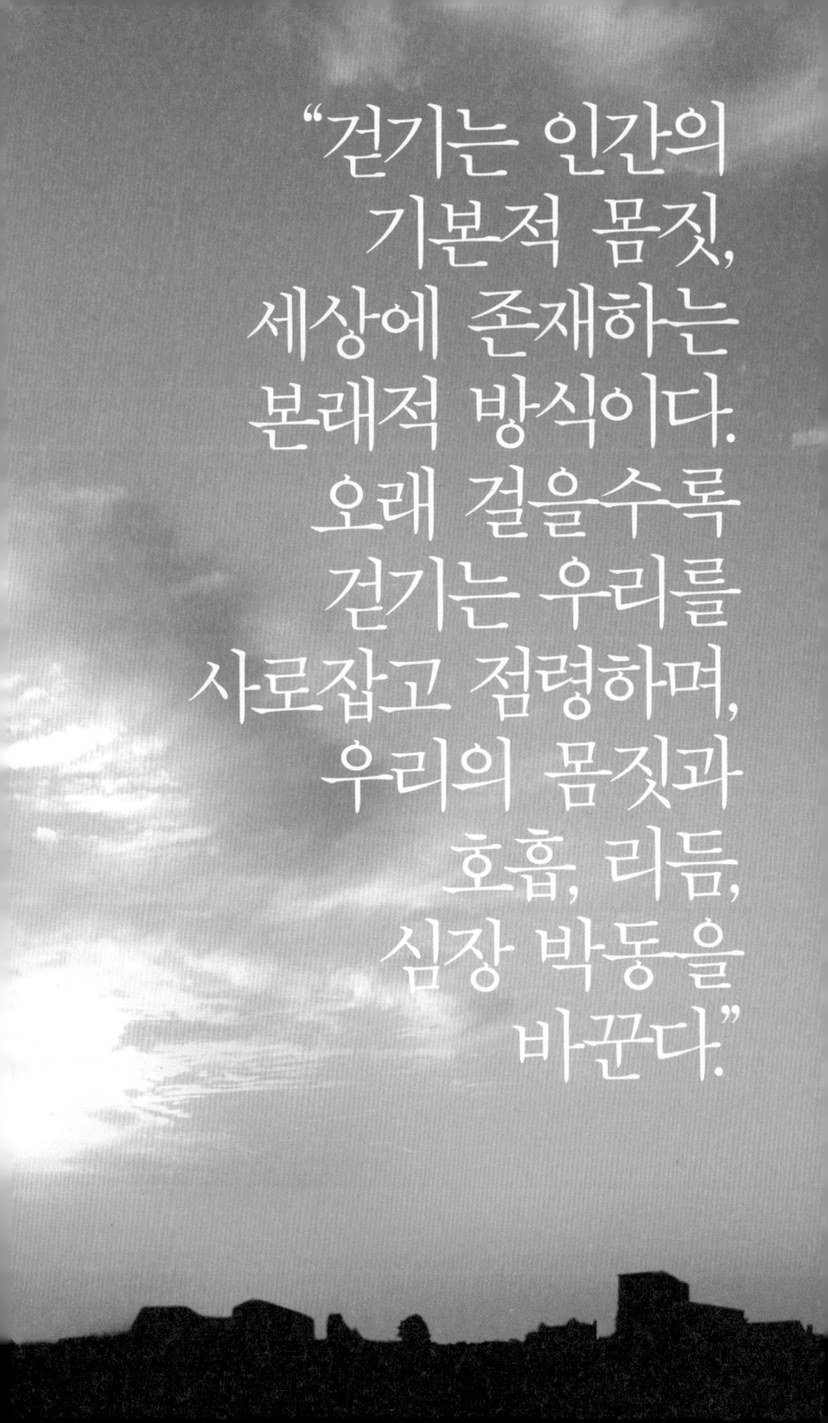
"걷기는 인간의
기본적 몸짓,
세상에 존재하는
본래적 방식이다.
오래 걸을수록
걷기는 우리를
사로잡고 점령하며,
우리의 몸짓과
호흡, 리듬,
심장 박동을
바꾼다."

하지만 첫날부터 갑작스레 쏟아지는 폭우와 허름한 숙소, 불면과 육체적 고통 등으로 괴로움에 시달린다. 어느 날은 잡념 없이 묵묵히 걷다가도, 어느 날은 지나가는 차를 얻어타거나 버스를 이용하는 잔꾀도 부린다. 그가 이 순례길을 떠난 것은 어린 시절 지녔던 신앙의 추억을 떠올리며 '신'을 찾기 위해서였다. 하지만 그는 걷고 또 걸으면서 신을 향한 질문을 자신을 향한 질문으로 수정한다. '내가 누구인지 모르는데 신이 누구인지 어찌 알 수 있을까?' 42일간의 걷기 여정 동안 그는 매일 깨달음을 얻는다.

'우리는 반드시 각자의 밤을 걸어야 한다.' 하페의 동행 제안을 거부하고 혼자 걷겠다는 스텔라를 보내고 그는 또 다른 깨달음을 얻는다. 혼자 걷지 않으면 그 길은 비밀을 가르쳐주지 않는다는 것을 말이다. 하페는 말한다. "내 길을 돌이켜보니 무엇보다 분명한 한 가지는 나는 매일 신을 만났다는 거다."

왜 그토록 많은 사람이 산티아고 순례길에 오르는 걸까? 저마다의 이유로 800킬로미터의 여정을 걷기 시작한 사람들, 그들은 어느 순간 두렵거나 수치스러운 생각을 잊고 나의 진짜 모습을 마주할 용기를 얻는다. 키에르케고르Kierkegaard의 말처럼 걸으며 하는 생각은 '과거의 나'와 만나 앞을 내다보는 시간이다.

고대 그리스의 철학자들도 걸으면서 수많은 생각과 만났다. 아리스토텔레스Aristoteles는 걸어 다니며 제자를 가르쳤다. 나무

사이를 산책하며 지식을 나눈 이 학파는 '소요학파逍遙學派'라 불린다. 사회학자 다비드 르 브르통David Le Breton도 "걷기를 통해 우리는 거듭날 수 있다"고 말한다. 걷다가 생각에 잠기고 또 걷다 보면 모든 것을 받아들이고 모든 이와 다 손잡을 수 있을 정도로 마음이 열리곤 한다는 것이다.

> "비록 간단한 산책을 하더라도 걷기는 오늘날 우리네 사회의 성급하고 초조한 생활을 엉클어놓는 온갖 근심과 걱정들을 잠시 멈추게 해준다.
> 두 발로 걷다 보면 자신에 대한 감각, 사물의 떨림들이 되살아나고 쳇바퀴 도는 듯한 사회생활에 가리고 지워져 있던 가치의 척도가 회복된다."
>
> —『걷기 예찬』 중에서

세상의 구불구불한 길을 걸으면서 어느새 자기 자신의 내면으로 난 길을 더듬어가는 것이 바로 걷기다. 산티아고 순례길에서만 마음이 열리고 깨달음을 얻는 건 아닐 것이다.

참고 자료

박용천·최기홍(고려대학교 심리학과), 「우울 장애」, 《네이버 지식백과》 | 「걷기…삶의 시작, 질병의 끝」, 《문화일보》, 2018년 3월 2일 | 로제 폴 드루아, 『걷기, 철학자의 생각법』, 백선희 옮김, 책세상, 2017 | 레베카 솔닛, 『걷기의 역사』, 김정아 옮김, 민음사, 2003 | 다비드 르 브르통, 『걷기 예찬』, 김화영 옮김, 현대문학, 2002 | 영화 〈나의 산티아고〉, 줄리아 폰 하인츠 감독, 2015

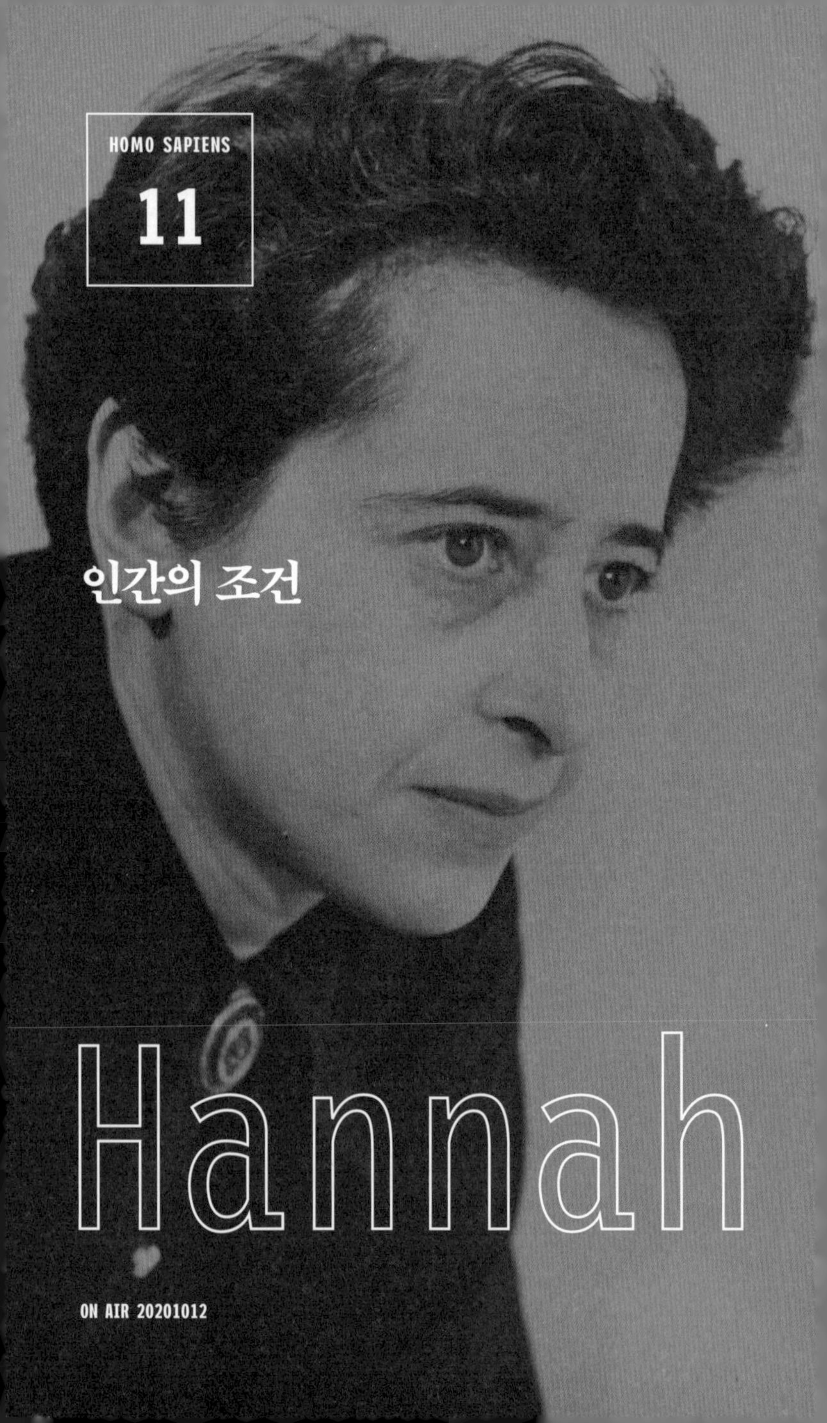
HOMO SAPIENS
11
인간의 조건
Hannah
ON AIR 20201012

Arendt

우리는 지금 '인간답게' 살고 있는가

오늘도 어제와 다를 게 없는 평범한 퇴근길.
붐비는 지하철에 지친 몸을 싣고 수많은 사람을 지나쳐
나만의 공간으로 돌아가는 별다를 것 없는 하루.
문득, 한 철학자의 질문을 떠올려본다.

'무엇이 인간을 인간답게 하는가?'
개인보다 집단이 우선시되던 시대에 살던 한 철학자가
떠올린 이 물음은 인간의 조건에 대한 근원적인 질문이다.
"내가 제안하고자 하는 것은 최근에 우리가 겪은 공포를
고려하여 인간의 조건을 다시 사유하자는 것이다."

그리고 그가 제안한 사유는 이것이다.
'인간이 진정으로 행하는 것은 무엇인가?'

20세기 최고의 정치사상가이자 철학자,
유대인, 여성, 난민으로
불꽃 같은 삶을 살았던 한나 아렌트Hannah Arendt.
그는 인간의 활동을 '노동, 작업, 행위' 세 가지로 분류했다.
'노동Laber'은 인간의 생존과 욕망 충족을 위한
육체의 동작이자 삶의 근본 조건이다.
인간은 살아가기 위해 노동을 해야만 한다.
'작업Work'은 자신의 재능을 발휘하여
일의 재미와 명예를 바라며 수행하는 제작 활동으로
인공적 세계의 사물들을 제공해준다.
'행위Action'는 개인의 욕망과 필요를 넘어 공동체 속에서
어떤 대의를 위해 하는 행동이다.
인간 사이에 직접적으로 수행되는 유일한 활동이며
행위가 지닌 다원성은 모든 정치적 삶의 절대적 조건이다.

우리가 단순히 돈벌이만을 위해 일을 하고 직장에 다닌다면
그것은 '노동'일 뿐이고,

그 일에서 나름의 보람과 재미를 느낀다면
그것은 '작업'이기도 하다.
또한 노동과 작업을 넘어 공동체의 삶에
관심을 기울이고 헌신한다면 그것은 '행위'이다.
이 세 가지 활동은 인간 실존의 가장 기본적인 조건과
밀접하게 연관되어 있다.

말과 행동을 통해 정체성을 드러내며 소통하는 인간은
노동과 작업과 행위를 반복하며 자신만의 삶을 채워나간다.
하지만 국가와 자본의 영향에서 벗어나기 힘든 근대사회에서
대다수 사람들은 노동과 작업에 매몰된 채
행위를 잃어버렸다.
유일하게 홀로 할 수 없는 인간의 조건 '행위'는
돈벌이도 안 되는 한가롭고 쓸데없는 시간 낭비로
치부되었다.

그러나 각자의 개성을 드러내고 서로를 존중하며
함께 삶을 만들어가는 행위를 통해
우리는 존재의 이유를 느낀다.
"인간은 행위로 인해 동등한 동시에 각기 다른 존재가 된다."

행위가 소외된 세상에서

유대인이라는 이유만으로 받아야 했던 차별.

어느 곳에도 속하지 못한 채

세상을 떠돌며 인간다운 삶을 고민한 철학자, 한나 아렌트.

그녀는 2021년을 살아가는 우리에게

다시 '인간다운 삶의 조건'을 묻고 있다.

"인간은
행위로 인해
동등한 동시에
각기 다른
존재가 된다."

악은 뿔 달린 괴물의 얼굴로 찾아오지 않는다

20세기 초 유럽은 세계대전과 유대인 대학살로 더없이 처참했다. 당시 악의 중심에 선 독일군 장교이자 포로수용소 소장이었던 칼 아돌프 아이히만. 그는 가스실 대학살의 주범으로 훗날 이스라엘 정보부에 붙잡혀 나치전범재판에 서게 된다.

아이히만은 선처를 바라는 대신 당당하게 자신의 무죄를 주장한다. '명령은 지키는 것이 도리이며 단지 자신은 직분에 최선을 다했을 뿐'이라는 것이다. 당시 전범재판관들은 아이히만의 논리와 증거 불명확을 이유로 판결을 주저했다. 그때 아이히만의 주장을 저격한 이가 등장했으니 바로 한나 아렌트다.

"악이란 뿔 달린 악마처럼 별스럽고 괴이한 존재가 아니며 사랑과 마찬가지로 언제나 우리 가운데 있다." 그는 '악의 평범성'을 근거로 그의 유죄를 뒷받침했다. 한나 아렌트는 아이히만을 향해 이렇게 일갈했다. "단지 자신에게 주어진 직분과 명령에만 충실했을 뿐 네가 하는 행동이 어떠한 엄청난 결과를 초래할지에 대해선 전혀 알려고 하지 않았다. 즉, 스스로 어떠한 합리적 판단과 비판적 사고도 하지 못한 채 그저 시키는 대로 '도구적 이성'만을 따랐다. 그것이 바로 너의 죄다."

1962년 아이히만은 사형 선고를 받고 세상에서 사라졌다. 한나 아렌트가 강조한 악은 '생각 없음과 그로 인한 무지함'에서 탄생한 것이다. 인간은 스스로 이성적 사고를 하지 못하는 과정에서 인간성을 상실해버린다. 악이 만연하고 그것을 행하도록 조종하는 세상에서 악을 멈출 수 있는 방법은 오로지 '생각'뿐이다. 일상성과 눈앞의 이익을 핑계로 생각 없이 행동한다면 평범하고 선량한 우리 누구나 악을 저지를 수 있다. 스스로 생각하고 행동하는 인간이 되어야 한다는 말은 지극히 당연하면서도 절박한 명제다.

지난 1년간 전 세계는 코로나Corona19(세계보건기구에서는 Corona Virus Disease를 Covid19라 줄여 지칭하지만, 이 책에서는 우리나라에서 널리 쓰이는 표기인 '코로나19'로 통칭한다)로 인해 팬데믹 공포와 일상의 멈춤을 겪으며 큰 변화의 길목에 들어섰다. 코로나 이후의 삶은 분명 전과 같을 수 없다. 원격, 가상화, 디지털화가 자리 잡으면서 비대면 문화가 활성화되었다. 상당 부분의 서비스는 자동화, 인공지능화되고 있으며, 인간관계, 교육, 일자리 등도 달라지고 있다. 변화의 파도 속에서 빈부격차와 불평등은 더욱 극심해졌다. 생존과 변화에 대한 불안은 일면으론 각자도생을 부추기면서 우리 내면에 존재하는 악의 평범성을 자극한다. 그러나 바이러스의 침공 이전에도 빈부격차, 젠더 갈등, 혐오 감정들은 존재해왔다. 바이러스는 그저 하나의 핑계인지도 모를 일이다. 이럴 때일수록 공생의 길로 가기 위해 인간다움에 대한 고민이 필요한 건 아닐까. 우리는 지금, 한나 아렌트의 '인간의 조건'을 다시 한번 상기해야 할지도 모른다.

21세기 들어서서 독일 사회는 지난날을 반성하고, 나치의 부활을 저지하기 위해 사회적 위기관리에 총력을 기울였다. 이처럼 우리 내면에 도사린 악의 평범성이 자라나지 않게 하려면 그것을 관리하는 일도 필요하다. 내 아이가 소중하면 남의 아이도 소중하다는 마음, 나만 잘사는 게 아니라 함께 잘사는 길이 있다는 믿음, 서로 다름을 받아들이고 소통하며 공적 가치를 실현하려는 노력, 곱씹어봐야 할 이야기다.

왜 소유가 아닌 '향유'인가

2020년 12월《타임》의 표지는 그해가 '최악의 한 해The Worst Year Ever'였음을 상징적으로 보여주었다. 전 지구인의 1년을 집어삼킨 코로나 이후 우리 삶은 곳곳에서 크고 작은 변화를 겪고 있다. 그 중 하나가 정리정돈 열풍이다.

네이버 트렌드에 따르면, 지난 1년간 '정리' 키워드 검색량은 7월에 최대치를 기록했는데 이는 같은 기간 압도적인 검색량 우위를 점하던 '청소' 키워드를 넘어선 것이라고 한다. 코로나19의 대유행으로 인한 기약 없는 '집콕' 생활은 방송가에도 영향을 끼쳤다. 주거 공간 관련 프로그램을 기획해서 좋은 반응을 끌어냈는데, 대표적인 프로그램이 tvN이 선보인 '신박한 정리'다. 집 내부의 물건을 정리하고 공간을 비우는 노하우를 공유하는 프로그램으로 정리정돈에 대한 관심을 최고치로 끌어올렸다. 팬데믹 상황에서 '정리정돈'은 성취감을 느끼고 일상의 활력을 되찾는 힐링법으로 각광받았다.

이는 또한 각종 중고 플랫폼 이용의 급증으로 이어졌다. 집콕 생활의 장기화로 안 쓰는 물건들을 정리해서 파는 이들이 기하급수적으로 늘어난 것이다. 중고나라와 당근마켓 등 국내 중고 시장 규모는 2018년 4조 원대였으나 2020년에는 20조로 무려 5배나 커졌다. 재택근무와 원격수업 등으로 집 안에 머무는 시간이 길어지면서 사람들은 '새로운 미니멀라이프'를 지향하게 되었다.

미국 비즈니스 전문 매체 《패스트컴퍼니》는 '코로나19가 맥시멀리즘의 종말을 가져왔다'는 주제의 기사를 보도하며 미니멀리

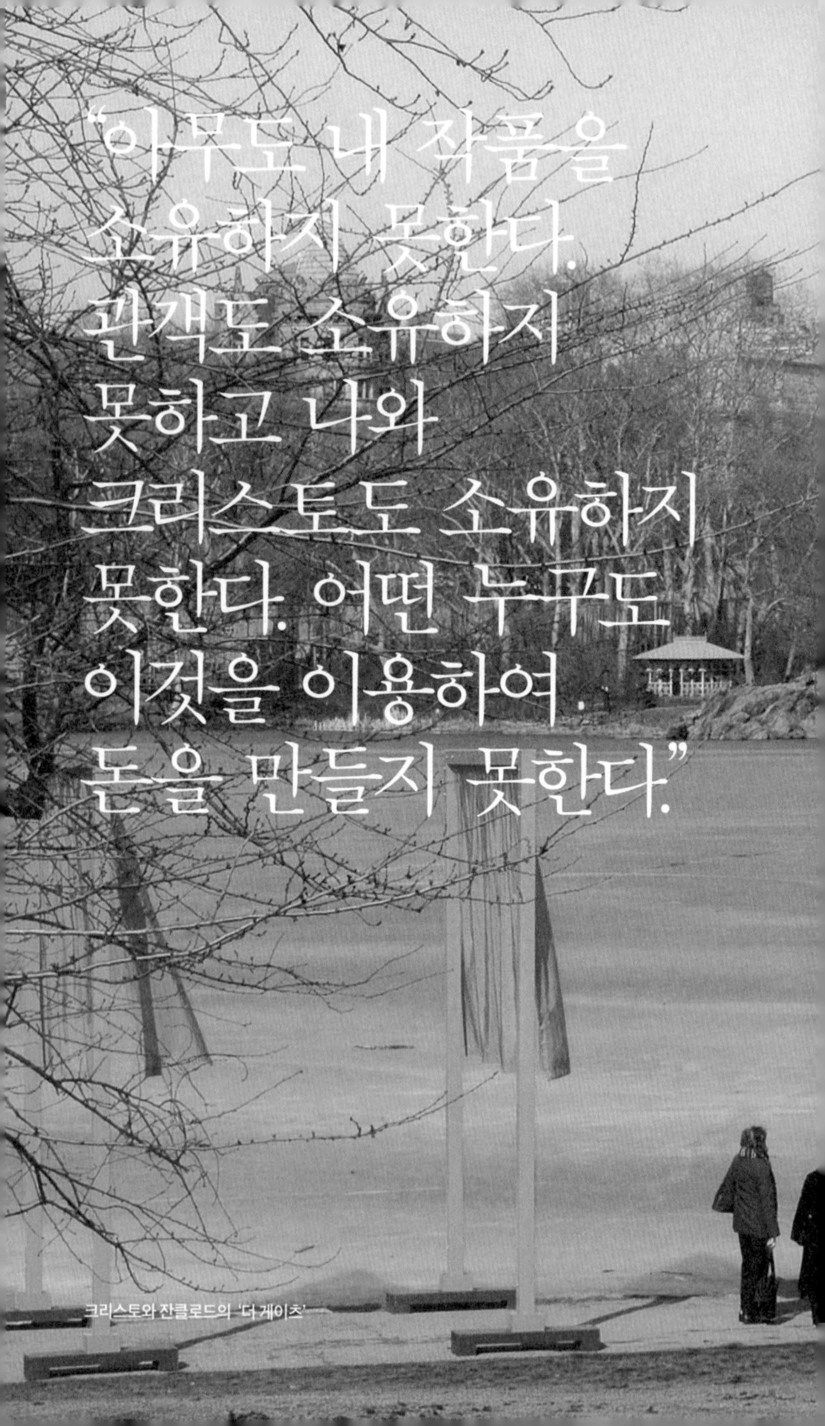

"아무도 내 작품을 소유하지 못한다. 관객도 소유하지 못하고 나와 크리스토도 소유하지 못한다. 어떤 누구도 이것을 이용하여 돈을 만들지 못한다."

크리스토와 잔클로드의 '더 게이츠'

즘이 과거와는 다른 모습으로 귀환했는데, '따뜻함과 편안함'을 조금 더 강조하고 있다고 설명했다. 중고마켓과 공유경제의 성장도 새로운 미니멀리즘의 특징에 영향을 미치고 있다. 단순히 정리정돈해서 버리는 게 아니다. 내가 더 이상 소유할 필요가 없는 물건을 다른 사람들에게 팔거나 나누어주는 문화가 활발해졌고 소유하지 않고 공유해서 쓰는 문화도 보편화되고 있다.

라이프스타일뿐 아니라 예술도 더 이상 소유의 대상이 아니라는 의식을 반영한 작품들이 늘어나고 있다. 대표적으로 설치미술가 부부 크리스토Christo와 잔클로드Jeanne-Claude의 작품을 꼽을 수 있다. 2005년 한겨울의 센트럴 파크를 오렌지빛으로 물들였던 조형물 '더 게이츠The Gates'는 압도적 거대함으로 숭고미를 보여주며 센트럴 파크를 예술적인 장소로 변모시켰다. 이 작품은 당시 2,560억 원의 경제적 효과를 창출한 걸로 유명했지만, '권력과 이념에서 벗어나 모두가 소유할 수 있는 예술'이라는 기억을 남긴 작품으로 더 유명했다. 맨해튼에 빽빽이 들어선 고층 건물 안에서 한겨울 오렌지빛으로 물든 센트럴 파크를 내려다본 뉴요커들은 '마치 2주간의 크리스마스 같았다'며 행복해했다.

잔클로드는 2005년 한 인터뷰에서 다음과 같은 말을 남겼다. "아무도 내 작품을 소유하지 못한다. 관객도 소유하지 못하고 나와 크리스토도 소유하지 못한다. 어떤 누구도 이것을 이용하여 돈을 만들지 못한다." 이들의 작품은 일정 기간만 전시한 뒤 철수되어 기록으로만 남았다. 전시 기간 동안 관람객들에게 즐거움과 아름다움을 제공하는 제 역할을 다했기 때문이다.

코로나19 사태로 우리는 타인에게 향해 있던 시선과 관심을 조금씩 자신의 삶으로 돌리고 있다. 그러면서 내가 소유하고 있는 것과 욕망하는 것이 진정 내 삶을 위한 것인지 생각해보는 시간도 갖게 되었다. 소유하는 삶과 향유하는 삶 중 어느 쪽이 더 인간다운 삶인지 생각해볼 문제다.

참고 자료

로타르 J. 자이베르트·베르너 티키 퀴스텐마허, 『단순하게 살아라』, 유혜자 옮김, 김영사, 2002 | 「당근마켓 올해 거래 1조 육박 비결은… "동네사람인데 속이겠어"」, 《매일경제》, 2020년 12월 5일 | 「코로나 '덕분'에 미니멀라이프?」, 《매경프리미엄》, 2020년 11월 4일 | 「즐거움과 아름다움뿐… 소유물 아닌 존재로서 대중과 만나고 숨쉬다」, 《세계일보》, 2020년 6월 19일 | 한나 아렌트, 『인간의 조건』, 이진우 옮김, 한길사, 2017 | 켄 크림슈타인, 『한나 아렌트, 세 번의 탈출』, 최지원 옮김, 더숲, 2019 | 「김호기의 굿모닝 2020s, 자유와 공공성의 연대… 아렌트의 '인간학'이 필요하다」, 《한국일보》, 2020년 9월 29일 | 「허연의 책과 지성, 한나 아렌트(1906~1975)」, 《매일경제》, 2019년 8월 2일

HOMO SAPIENS

12

어디로 가고 있나요?

ON AIR 1부 20200120 | 2부 20200210

길 위에 선 당신을 향한 두 가지 질문

유럽의 어느 도시, 낯선 곳에서 마주한 이들은
모두 어디론가 향해 가고 있었다.
길을 떠난 사람들에게 물었다.
"삶에서 가장 중요하게 생각하는 것은 무엇인가요?"

"사랑, 행복… 이 모든 것들은 물질적이지만
가장 중요한 것은 우리 안에 있다고 생각해요."

—마누엘(42세, 변호사) & 페르난다(13세, 학생)

"삶에서 가장 중요한 건 사랑이에요. 연대도요.

그리고 스스로를 아는 것이요. 다른 것에 연연하지 않고
자신이 하고 싶은 게 뭔지 아는 거요."
"순간을 즐기고 평화롭게 사는 것
그리고 자신과 친구들을 돌보는 거…."

— 바르바라(35세, 사회복지사) & 마티나(35세, 선생님)

"예전엔 많은 것을 소유하기 위해 일했는데
요즘 드는 생각은 삶이란 소유하는 것이 아니라
존재하는 것이라는 거예요.
단순하게 사는 것이 삶의 목표예요."

— 발랭(44세, 화가) & 마리(62세)

우리 모두에게 꼭 필요한 또 한 가지 질문이 있다.
"당신은 지금 어디로 향해 가고 있나요?"

프랑스의 거리

"집으로 가는 길이에요. 바게트를 샀어요."

— 빅터(64세)

"지금 당장은 몽파르나스로 갈 거예요.

그후로는 남쪽으로 갈 거 같아요. 태양이 내리쬐는 곳으로요."

— 쟝(19세, 공학 전공 대학생) & 샌디(19세, 공학 전공 대학생)

스위스로 향하는 기차 안

"크리스마스를 가족과 함께 보내기 위해 가고 있어요.

프랑스와 스위스 국경 사이에 인접한 작은 호수가 있는 곳이에요.

그다음엔 새해를 보내기 위해 로마에 가려고요."

— 네이슨(29세, 공연 촬영 감독)

피렌체 거리

"잘 모르겠지만 행복으로 가고 있지 않을까요?"

— 조나단(31세, 컨설턴트) & 메리(26세, 와인 스페셜리스트)

"조금 더 여행하고 싶어요, 세상을 더 봤으면 해요.

세상을 조금 더 보고 조금 더 잘 이해하고 싶어요."

— 멜리나(15세, 학생)

"우피치미술관에 갔다가 집에 갈 거예요.

글쎄요, 앞으로 전진해야겠죠.

삶은 닥치는 대로 해결해야 하니까요.

그러니까 순간을 즐기고 어떻게 될지 지켜보는 거죠.

지금까진 아주 잘 흘러가고 있어요."

— 비엠클(36세, 엔지니어) & 허트(37세, 건강관리사)

기대한 대로 진행되지 않아도 우리는 앞으로 갈 수밖에 없다.

저마다의 삶 속에서 미래를 만드는 사람들,

그리고 매일 그들 앞에 펼쳐질 낯선 풍경….

당신은 지금 어디로 가고 있나요?

마침표가 아닌 쉼표가 필요한 시간

지난가을, 개그맨 박지선 씨가 자살로 생을 마감했다. 늘 밝은 모습으로 자신의 콤플렉스까지 웃음으로 승화시켰던 그가 어머니와 함께 세상을 등진 소식은 충격과 슬픔을 안겨주었다. 매년 연예인들의 자살이 끊이지 않고 있는 와중에 2030 젊은층의 우울감과 자살률도 치솟고 있다. 자살 위험군이 기존 노년층에서 2030세대로 확대되고 있는 것이다.

특히 코로나 사태가 시작된 후 주로 서비스업에 종사하던 2030 세대가 취업난과 고용 위기, 심리적 불안과 고립감이 커지면서 우울감을 호소하고 있다. 이들의 자살 관련 지표는 몇 년 전부터 심각하게 악화되었는데 지난 코로나 사태가 이를 더욱 폭발시켰다는 분석이다. 건강보험심사평가원의 자료에 따르면, 2020년 상반기에 20대와 30대 청년층의 자해 건수는 각각 80.5퍼센트, 87.2퍼센트로, 전년 대비 크게 늘었다. 우울증에 있어서도 20대의 경우 전년 대비 28.3퍼센트나 늘었다. 한국은 이미 15년째 OECD 회원국 중 자살률 1위를 기록 중이다.

전 세계가 코로나 사태를 겪고 있음에도 유독 우리나라에서 생을 비관하는 이들이 늘어나는 이유는 무엇일까? 이는 우리 사회가 유독 '성취는 곧 행복'이라는 잘못된 신념에 대한 믿음이 크기 때문인지도 모른다. 학교 다니던 시절부터 성적이나 등수로 서열이 매겨지고, 어느 대학을 나왔고, 어떤 회사에 다니고, 어디서 몇 평 아파트에 사느냐로 삶의 그레이드를 평가받기도 한다. 성취지향 문화가 만들어낸 현실이다.

속전속결의 성취지향 사회가 이룬 긍정적인 면도 있지만, 그 과정에서 사회 구성원 개개인의 성취를 통한 지속적인 행복을 이뤄내진 못했다. 진정한 행복이란 지속적이어야 하며, 그런 이유로 우리 삶의 과정이 중요하다. 하지만 성취지향은 다양한 가치관과 과정의 폄하를 동반하고 빠른 결론을 선호하는 특성을 지니고 있다. 이런 사회 분위기에 코로나 사태까지 덮치자 곳곳에서 삶을 비관하는 이들이 늘어나고 있는 것이다.

우리 사회에는 전반적으로 물질적 가치에 대적할 만한 게 별로 없다. 그래서 더욱 소유에 집착하고 그러다 보니 자신의 존재는 무의미해진다. 정신과 전문의 김진세 원장은 소유욕과 질투심이 강한 자아는 외부에 의해 더 쉽게 무너진다고 경고한다. "우리가 루브르박물관에서 '모나리자의 미소'를 보고 그것을 가져야 한다고는 생각하지 않잖아요. 감상만 할 뿐이죠. 매스미디

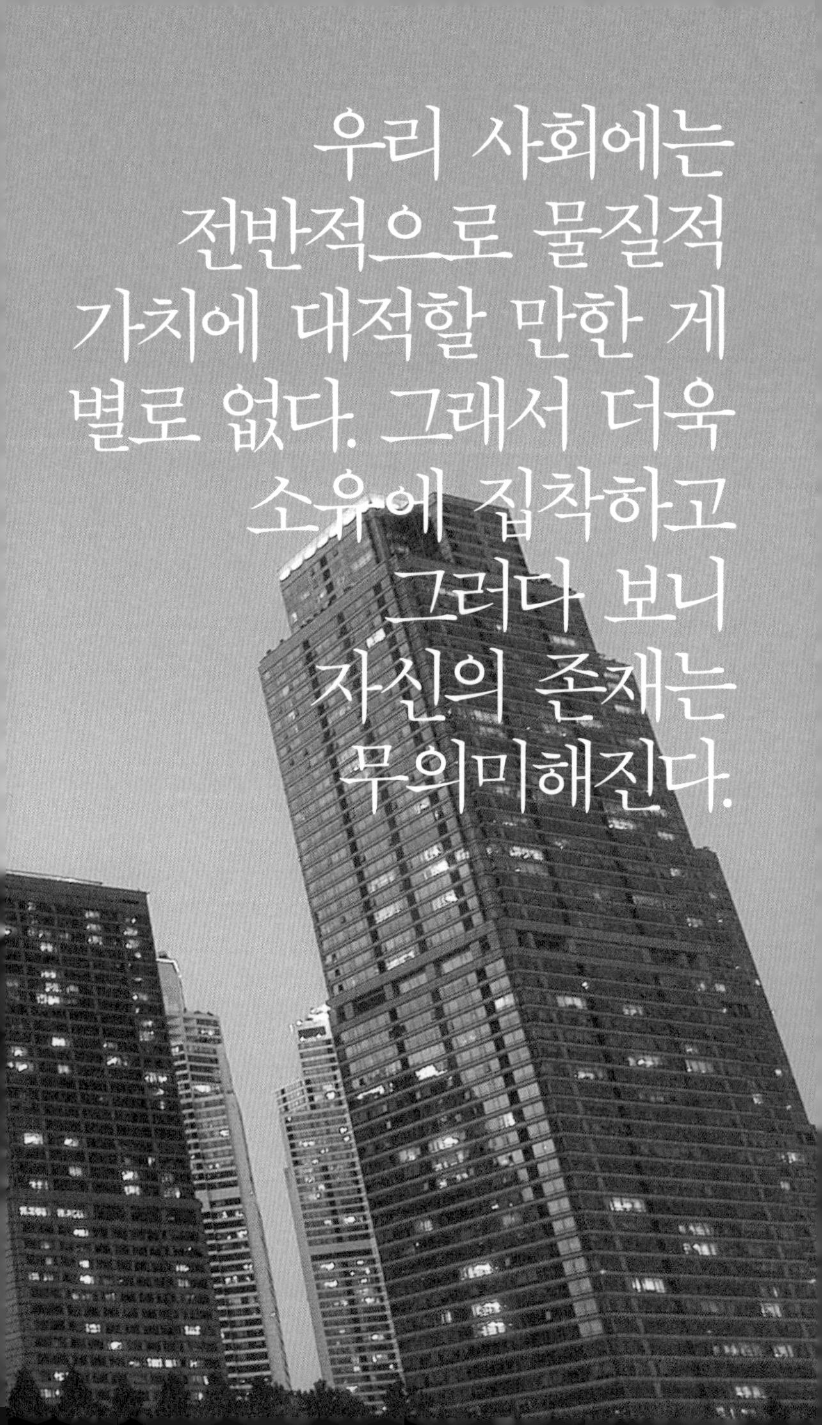
우리 사회에는
전반적으로 물질적
가치에 대적할 만한 게
별로 없다. 그래서 더욱
소유에 집착하고
그러다 보니
자신의 존재는
무의미해진다.

어에서 보여주는 것들은 일종의 픽션이고 전시예요. 소유가 화두가 되는 시대이다 보니 그걸 내가 가져야 한다고 생각하는 거죠. 상대적 박탈감이 클 수밖에 없어요."

그 어느 때보다 자기 소멸의 위험이 큰 요즘, 우리가 집착해야 할 것은 소유가 아닌 존재하기 아닐는지. 그리고 내가 지금 어딘가로 향해 가고 있다는 것, 그 자체만으로도 충분하다는 믿음 역시 필요하다. 마침표가 아닌 쉼표, 즉 '생각'이 필요한 시간이다. 정신과 전문의 정혜신 박사는 '존재에 주목하는 질문이 곧 심폐소생술'이라고 말한다.

"어떻게 살아야 할지 깊이 생각하고 정리해야 에너지 낭비가 없어요. 그 비결이 바로 '존재' 그 자체에 주목하는 거예요."

골든벨 소녀 김수영, 생각이 이끄는 찬란한 삶

세상에 존재하는 것 중 자연환경을 제외한 현대인들이 누리는 수많은 문명은 누군가의 생각에서 시작된 것들이다. 개인적인 불편을 해결하기 위한 생각에서부터 인류를 위한 사명감으로 시작된 생각까지 세상을 바꾼 모든 발견과 결과는 생각에서 탄생했다. 그런데 왜 우리는 점점 더 생각하는 걸 힘들어하고 꺼리는 걸까?

생각을 하면 행동해야 하고 지금과는 다른 선택을 해야 한다는 부담 때문이지 싶다. 삶에서 불편함을 느끼거나 지금처럼 살아서는 안 되겠다는 생각이 들면 분명 달라져야겠다는 의지가 생기고 스스로 문제를 해결할 방법을 찾기 위해 고민하게 된다. 그때부터 삶은 그 방향이 달라진다. 수많은 이들이 이런 사고의 과정을 거쳐 삶을 바꿔나갔다. 이는 위대한 발견과 혁신을 이루어낸 리더들에만 국한된 것이 아니다. 나와 내 주변의 평범한 이들이 삶을 바꾸어나가는 과정도 이와 다르지 않다.

불우한 어린 시절의 아픔을 딛고 '도전 골든벨' 소녀에서 청소년들의 롤모델이 된 김수영 씨는 '생각하는 삶'의 의미를 잘 보여준다. 그녀는 초등학생 시절 불우한 가정환경을 비관해 자살을 생각했고, 중학생 때는 '문제아'로 낙인찍혀 가출을 반복하다 결국 학교를 자퇴했다.

하지만 파지 줍는 일을 하는 어머니가 날마다 자신을 위해 기도하고 있다는 것을 알게 된 후 집으로 돌아와 공부하기로 결심한다. 검정고시 합격 후 실업계 고등학교에 진학한 그는 기자가 되겠다는 꿈을 품고 공부에 매진해 명문대에 합격한다. 대학에 합격하고도 등록금이 없어 고민하던 중 〈도전! 골든벨〉에 출연해 실업계 고등학생 최초로 우승을 거머쥐며 장학금을 받게 된다. 대학 졸업 후에는 영국의 투자회사에 입사해 많은 청소년들에게 꿈과 희망이 되고 있다.

그러나 성취의 기쁨도 잠시, 느닷없는 암 선고로 삶에 대해 다시 생각하게 된 김수영은 83가지 버킷리스트를 쓰고 다시 도전에 나섰다. 전 세계 곳곳을 다니며 에베레스트 등반, 인도 발리우드 영화 출연하기, 부모님과 성지 순례하기 등을 실현하며 그는 다시 한번 희망을 전파했다.

김수영 씨가 이렇게 여러 번의 위기를 극복하고 새로운 방향을 잡아 힘차게 삶의 걸음을 내디딜 수 있었던 이유는 '생각하는 삶의 태도'를 잃지 않았기 때문이다. 사는 대로 생각했다면 그녀는 중학교를 자퇴한 비행 청소년의 삶에서 벗어나지 못했을 것이다. 이처럼 생각하면서 산다는 것은 스스로에게 많은 기회를 가져다주는 일이기도 하다.

"생각하는 대로 살지 않으면 머지않아 사는 대로 생각하게 된다." 프랑스 시인 폴 발레리Paul Valery의 말이다. 그런데 이 말 앞에는 한 단어가 더 있었다. 바로 '용기를 내어'이다. 즉, 생각하는 대로 살기 위해서는 '용기'가 필요하다.

매일 반복되는 일상에 치여 살아가다 보면 '지금 내가 어떻게 살고 있는지, 어디로 향해 가고 있는지'를 고민하기가 쉽지 않다. 하지만 자기 삶을 직시하기 위해서는 용기가 필요하며, 용기를 내야 생각이 이끄는 대로 삶을 주도할 수 있다. 사는 대로 생각하는 삶에 남는 건 후회뿐일지도 모른다.

참고 자료

「'코로나 블루' 앓는 청년들 … 2030 자해·우울증 확 늘었다」, 《한겨레》, 2020년 9월 14일 | 「밝았던 박지선까지 … 속이 곪아가는 젊은이들, 많아졌다」, 《머니투데이》, 2020년 11월 7일 | 「정신과 전문의 김진세의 행복을 만드는 힘」, 《레이디경향》, 2015년 7월 | 「김지수의 인터스텔라, '날씨처럼 종잡을 수 없는, 당신의 그 마음이 옳다'」, 《조선일보》, 2018년 11월 10일 | 김수영, 『멈추지마, 다시 꿈부터 써봐』, 웅진지식하우스, 2010

HOMO SAPIENS

13

어떻게 해야 잘 살 수 있을까

ON AIR 20181226

진짜 공부, 나다운 삶

"대학은 꼭 가야 하는 걸까?
그런데 무슨 공부를 해야 내 적성에 맞을까?
회사 그만둘까? 그만두면 뭐하지?
응? 엄마?"

인생에서 중요한 선택을 해야 하는 순간,
우리는 '멘붕'에 빠진다.
학교에서는 어떻게 살아야 하는지 가르쳐주지 않았고,
엄마는 결코 내가 원하는 답을 주지 않는다.
그런데 우리는 왜 그토록 '공부'에 매달리는 것일까?

원어민도 잘 모르는 영어 문제를 척척 풀지만
막상 길거리에서 외국인을 만나면
영어울렁증에 말문이 막힌다.
무엇이든 달달 외우는 데는 달인이라 자부하지만
시험이 끝나면 머릿속은 백지가 되어
하나도 기억에 남지 않는다.
좋아하는 과목이 있어도 수능에 안 나오면 그림의 떡,
무조건 남들이 다 하는 걸
더 빨리 정확히 해내는 게 최선인 교육.
도무지 생각이란 걸 할 틈이 없다.

핀란드 어느 중학교의 수업 시간.
학생들이 제각기 해외여행을 계획하고 있다.
언제 어디로 여행을 갈지 정하기 위해
먼저 여러 나라의 자연환경과 지리적 특성을 파악한다.
그리고 정해진 기간 동안 꼭 가야 할 관광코스를 짜기 위해서는
그곳의 역사와 유래를 꼼꼼히 공부해야 한다.
세계사 공부를 따로 할 필요가 없다.
여행 중 색다른 경험을 위해서라면
현지 문화에 대한 이해는 필수.

공부를 하면 할수록 알고 싶은 게 많아지는
미스터리한 수업이다.

예산에 맞춰 비행기 표와 숙소까지 직접 예약하고
프랑스 여행은 프랑스어로,
이탈리아 여행은 이탈리아어로 발표한다.
'유럽 여행 계획' 짜기는
핀란드 학교의 대표적인 통합 교육 사례다.
자신만의 여행 계획을 짜고 발표하는 과정에서
국어, 제2외국어, 지리, 역사 등
다양한 과목을 배우기 때문이다.

학생 스스로 동기를 부여하는 즐거운 학습은
학생 개개인이 사회에 나가 살아갈 힘을 길러주기 위함이다.
'어떻게 하면 학생이 미래에 더 나은 삶을 살 수 있을까?'
이는 2016년부터 새롭게 도입한 핀란드 교육과정의 목표다.

한편 우리의 교육 목표는 점점 더 방향을 잃어가고 있다.
차이와 개성을 인정하지 않는 획일적인 교육 환경,
초등학교 때부터 시작되는 입시를 향한 맹목적인 경쟁 속에서

아이들은 자신만의 탁월함은 잊고
남들처럼 사는 데 몰입한다.
진짜 공부는 언제쯤 할 수 있을까?
나답게 사는 삶은 가능할까?

성적이나 대학
입학을 위한
공부가 아니라
호기심의 충족과
배움에서 오는
즐거움을
학생들 스스로
느끼는 공부,
사회에 나가
살아갈 힘을
기를 수 있는
공부가 필요하다.

공부만 잘하는 생각 바보가 되지 않으려면

"학생들이 창의적이면 안 돼요. 애들이 창의적이면 실험하다가 사고만 쳐요.", "학부생 애들이 무슨 비판적 사고를 해요? 먼저 외워야 할 게 산더미인데."

2014년 출간된 『서울대에서는 누가 A+를 받는가』에 소개된 서울대 교수들의 말이다. 이보다 더 충격적인 사실은 서울대 최우등생을 심층면담한 결과 46명 중 87퍼센트가 '강의 시간에 교수의 말을 한마디도 놓치지 않고 최대한 다 적는다'고 답했다는 점이다. 창의성과 비판이 사라진 한국 교육의 현실을 적나라하게 보여준 이 책은 당시 교육계뿐 아니라 사회 전반에 큰 충격을 안겨주었다.

지적 호기심 대신 학점 전쟁이 난무하는 대학의 교육 풍토는 입시에 목을 매는 중고등학교와 다를 바가 없다. 급기야 2년 뒤 서울대는 대책을 마련했다. 강의 내용을 그대로 받아 적고 외워서 학점을 따는 경쟁으론 글로벌 인재를 키울 수 없다면서 교양과목에서 학점을 폐지하고 '합격/불합격' 방식을 도입했다. 물론 근본적인 해결책은 아니다. 왜곡된 교육 현실을 바로잡기 위한 응급처방이다.

중앙대학교 독문학과 김누리 교수는 "한국 교육은 명명백백한 지식만을 물어본다"고 일갈했다. 우리나라 교육 환경에서는 깊이 사유하면 열등생이 된다. 빨리빨리 간단한 지식들을 외우고 어려운 문제를 푸는 연습을 많이 해야 우등생이 될 수 있다. 그리하여 우수한 아이들일수록 사유 능력이 떨어진다는 아이러니한 현실에 놓이게 되었다. 지식만 있고 사유가 사라진다면, 그것을 진정한 공부라 할 수 있을지 생각해볼 일이다.

우리 앞에 닥친 가까운 미래에는 수많은 직업이 사라지고 새로운 지식과 정보가 끊임없이 쏟아져 나올 것이라 예상된다. 이런 시대에 필요한 것은 지식의 양이 아니라 '생각의 힘'이다. 정답을 잘 골라 시험 점수를 잘 받는 공부로는 다가올 세상의 요구에 부응하기 어렵다. 진짜 경쟁력은 나에게 주어진 문제의 본질을 읽어내고 필요한 지식을 학습할 수 있는 능력을 갖추는 것이다. 그것은 지식의 암기가 아니라, 생각하는 힘을 바탕으로 함양될 수 있다.

이제 자존감을 무너뜨리는 공부를 멈추고, 생각을 시작해야 할 때다. 그래야만 새로운 것에 대한 배움을 즐기고 그것에서 영감을 얻어 나만의 것을 창조할 수 있는 능력을 갖출 수 있다. 이는 학생들에게만 국한된 것이 아니다. 끊임없는 배움은 우리 모두의 일이다.

아주대학교 박형주 총장은 '어떻게 생각의 힘을 키울 것인가'라는 부제가 달린 책 『배우고 생각하고 연결하고』에서 미래 세대에게 건네는 당부의 말을 남겼다. 새로운 것을 접하고 몰입해서 새로운 방향과 생각을 얻는 경험을 하지 못한 채 세상에 내던져진 이들에게 그가 간절한 마음을 담아 건네는 말이다.

> 나는 우리의 미래 세대가 학교 밖 세상에서 어려운 문제에 맞닥뜨렸을 때 '배움의 즐거움'이라는 강력한 무기를 활용하기를 기대한다. 얼마나 많이 아는가는 이제 더 이상 중요하지 않게 되었다. 예측할 수 없는 시대가 열렸다. 생각의 힘을 키우는 교육만이 새로운 시대를 헤쳐나갈 수 있는 유일한 방법이다. 세상은 더욱 연결돼가는 중이다.
>
> —『배우고 생각하고 연결하고』 중에서

경쟁이 아닌 독점, 1등이 아닌 1류가 되기

실리콘밸리의 테크 공룡들은 어떻게 혁신의 아이콘이 될 수 있었을까? 페이팔PayPal의 창업자이자 투자자인 피터 틸Peter Thiel은 그들의 성공 요인 중 하나로 경쟁이 아닌 '독점'을 꼽았다. 그는 자신의 책 『제로 투 원』에서도 경쟁의 무모함에 대해 지적했다. "『안나 카레니나』는 '모든 행복한 가정은 비슷하고 불행한 가족은 각자 다른 이유로 불행하다'는 구절로 시작된다. 그러나 기업의 경우는 정반대다. 모든 행복한 기업은 다르고 모든 불행한 기업은 비슷하다. 모두 같이 경쟁하고 있기 때문에 불행한 것이다."

우리는 늘 경쟁 속에 살고 있다. 아주 사소한 것에서 인생의 방향을 좌우할 중요한 것까지 모두 남들과의 경쟁을 통해 쟁취한다. 하지만 경쟁을 통해서만 성공할 수 있는 것은 아니다. 피터 틸의 말처럼 '경쟁이 아닌 독점'으로도 가능하다. 이는 철학자 최진석의 '우리에게 필요한 건 1등이 아니라 1류다'라는 말과 일맥상통한다. "경쟁 구도 속에 들어선 순간 모두가 하나의 폐쇄적 체계를 형성해버린다. 그 안에서 가장 잘해봐야 1등일 뿐이다.

경쟁 구도 속에
들어선 순간 모두가
하나의 폐쇄적
체계를 형성해버린다.
그 안에서
가장 잘해봐야
1등일 뿐이다.

우리에게는 1류가 필요하다. 경쟁 구도를 벗어나 자기만의 독특한 게임을 할 때 비로소 1류가 될 수 있다."

어떻게 하면 1류가 될 수 있을까? 피터 틸은 "기존의 경쟁 구도에 들어가서 이기려고 애쓰는 대신 내가 새로운 경쟁 구도를 만들어내면 된다"고 조언한다. 우리는 남과 비교해 더 나은 성적을 얻는다거나, 남과 경쟁해 더 좋은 대학에 간다는 비교우위에 과열돼 있다. 사다리의 꼭대기에 올라서려는 욕망에 매몰되면, 누군가는 분명 사다리 아래에 놓여야 하며, 사다리에 오르지 못하는 이들은 그 아래로 떨어져야만 한다.

경쟁 없이 이긴다는 건 '창조적 독점'으로 가능하다. 창조적 독점이란 새로운 제품을 만들어서 모든 사람에게 혜택을 주는 동시에 그 제품을 만든 사람은 지속적인 이윤을 얻는 것이다. 공부 역시 마찬가지다. 경쟁을 통해 점수와 등수로 서열이 매겨지는 왜곡된 공부 현실에서 벗어나 내가 탐구하고 싶은 세계를 탐구하고, 그 안에서 진리와 지혜를 얻고, 쓸모를 발견한다면 그것은 나만의 창조적 독점이 가능한 공부다. 그 누구와도 비교할 이유가 없고 비교가 되지도 않는다. 앎에 대한 지속적인 호기심과 탐구가 만들어내는 깊은 사유가 있을 뿐이다.

이처럼 1류가 된다는 건 사다리 꼭대기에 오른다는 게 아니라, 나만의 새로운 세상을 창조한다는 것이다. 이는 내 인생을 창조적으로 독점하는 것이기도 하다. 같은 문제를 다르게 해석하는 혁신성, 같은 풍경을 다르게 보는 창의적 관점, 남들에겐 없는 나만이 갖고 있는 고유성, 이것이야말로 내 인생을 나답게 살게 해주는 것들이다.

참고 자료

「미래수업」, tvN 인사이트 뉴노멀 강연쇼 | 이혜정, 『서울대에서는 누가 A+를 받는가』, 다산에듀, 2014 | 「서울대 일부 교양과목 'A~F학점' 없앤다」, 《매일경제》, 2016년 12월 28일 | 김누리 "무사유는 범죄, 난 이 말을 좋아한다"」, 《오마이뉴스》, 2020일 4월 9일 | 박형주, 『배우고 생각하고 연결하고』, 해나무, 2018 | 「피터 틸 "경쟁하지 말고 독점하라"」, 《채널예스》, 2015년 3월 10일 | 「송호근의 사람탐구: 철학자 최진석에게 길을 묻다 "명성과 내 몸, 어느 것이 더 귀합니까"」, 《신동아》 네이버 포스팅, 2019년 1월 14일

HOMO SAPIENS

14

서울대 공대

우리는 간신히 1루에 진출한 타자였다

'공대 예산의 86퍼센트는 교직원 인건비,
낡았거나 폐기해야 할 실험기자재는 전체의 71퍼센트,
학생 1인당 연간 실습비는 5만 6,000원(1975년 이후 동일한 금액)'

국내 최고 공과대학의 민낯이 공개되자 세상은 술렁거렸다.
한강의 기적이라 일컬어지는 경제 성장으로
우리나라가 아시아의 네 마리 용,
신흥경제 대국으로 떠오르던 1991년
서울대 공과대학에서 나온 한 편의 보고서.
「공과대학은 발전하고 있는가?」

우리는 우수한 학생들을 체계적으로 바보로 만들어가고 있다.

대학교수, 국가가 모두 반성하자는 뜻에서

50번을 썼다 고치며 보고서를 작성했다.

— 이면우(서울대 교수, 「공과대학은 발전하고 있는가?」 공동집필)

그 후 서울대는 많은 노력을 기울였다.

교수 160명 증원, 다양한 연구소 신설,

과학기술 논문 인용 색인 게재 논문 수 4,291건으로

세계 대학 중 24위, 그야말로 세계적인 대학으로 성장했다.

그리고 2015년에 나온 두 번째 백서

「좋은 대학을 넘어 탁월한 대학으로」가 나왔다.

"우리는 겨우 1루에 진출한 타자였다."

서울대 공과대학 교수들의 처절한 자기 반성문.

특허 등록 건수, 서울대 7,295건 vs. 스탠퍼드대 6,994건

독보적인 특허 기술, 서울대 754건 vs. 스탠퍼드대 3,282건

논문 수는 늘었지만 탁월한 연구 성과는 없었다.

가장 큰 이유는 '다재다능한 여우'가 되어가는 연구자들,

3년이라는 짧은 기간의 연구비 지원 시스템,

산업에 필요한 '안전한 연구'를

최대한 한꺼번에 많이 진행하는 방식 때문이었다.

“성공이 불확실한 연구보다
안전한 연구를 하는 것이 가장 큰 문제다.
적당히 쉬운 주제로 연구하기 때문에
만루홈런(탁월한 연구 성과)이 나오지 않는 것이다.”

— 이건우(서울대 교수, 「좋은 대학을 넘어 탁월한 대학으로」 공동집필)

그로부터 1년 후, 또다시 ‘참회록’을 썼다.
교수들까지 발 벗고 나서서 미국 실리콘밸리처럼
4차 산업혁명 시대를 이끌 기술 창업에 나서지 않으면
대학도 몰락할 것이라고 다시 한번 경고한 것이다.

“통렬한 반성은 있었지만 청사진은 여전히 보이지 않는다.
지금처럼 학부생들 위주로 고만고만한 스마트폰 앱이나 만드는
‘치킨집식 창업’에 매달리다간 조선산업이나 철강산업처럼
대학도 함께 침몰할 것이다.”

서울대학교 공과대학의 현실은 우리나라 교육의 미래이자
우리가 걸어온 안전한 길의 민낯과 같다.
끝나지 않을 것 같은 경쟁 속에서 줄곧 1등만 꿈꿔온 이들은
결국 1류가 되지는 못하는 걸까?

끝나지 않을 것 같은
경쟁 속에서 줄곧
1등만 꿈꿔온 이들은
결국 1류가 되지는
못하는 걸까?

안전한 길의 민낯

2014년 노벨 물리학상은 일본 지방대학의 학자들에게 돌아갔다. 청색 발광다이오드(LED)를 최초로 개발한 나고야대학의 연구진들은 하나의 주제를 깊이 파고든 고슴도치 전략으로 500번의 실패, 35년간의 연구 끝에 '인류에게 고효율 친환경의 새로운 빛을 선물했다'는 찬사를 받았다.

수상 소감에서 아카사키 이사무 교수는 "성패는 생각하지 않았다. 유행하는 연구에 매달리지 않고 그냥 하고 싶은 일을 했다"라고 말했다. 이는 우리나라 대학과 연구기관의 단기적인 성과 집착 풍토와는 대조를 이룬다. 한국과 일본의 과학 분야 노벨상 수상자는 0 대 24. 우리나라는 GDP 대비 R&D 투자 비율은 세계 1위지만 단 한 번도 과학 분야에서 노벨상을 수상하지 못했다. 지나치게 단기간의 성과에 집착해 수십 년간의 장기적인 연구와 투자가 제대로 이루어지지 않았기 때문이다.

국내 대학의 국제 경쟁력은 어떨까? '조선일보·QS 아시아 대학평가'(2020년)에서 한국의 상위권 대학들은 10위 안에 단 한

곳도 들지 못했다. 2009년 있었던 첫 평가 이후 12년 만에 처음이다. 2014년 2위를 기록한 뒤 매년 정상급이었던 카이스트와 2012년부터 3년간 4위를 지켰던 서울대, 2012년부터 4년간 10위 안에 이름을 올렸던 포스텍 모두 불과 5년 만에 10위 권 밖으로 밀려났다.

사교육 공화국에서 초등학교 4학년 때부터 '입시생'이라 불리며 공부에 매달린 아이들…. 그들은 입시지옥에서 벗어나도 스펙 쌓기와 취업 전쟁이라는 또 다른 경쟁에 뛰어들어 내달린다. 하지만 세상은 그들이 따라잡기에는 너무 빨리 변화하고 있다. 변화가 두려운 그들의 선택은 안전한 길. 새로운 것을 배우고 도전하는 게 쉽지 않다. 남들처럼 살기도 힘들어진 세상이라고 한탄하면서 '남들처럼' 살기를 선택했지만 어쩐지 도태될 것 같은 불안감이 엄습한다.

이처럼 상황에 이끌려 다니는 현실에서 벗어나려면 어떻게 해야 할까? 나를 둘러싼 상황이 나에게 선택을 강요하도록 놓아두지 말고 스스로 선택하는 주도적 삶을 살아야 한다. 그러기 위해서는 '남과 다름'이 경쟁력이 될 수 있는 나만의 길을 찾는 것이 선행돼야 한다.

AI 시대 생존 전략, 분석과 통찰의 사고력

2018년 신드롬을 일으킨 드라마 〈SKY 캐슬〉은 우리 사회의 자화상과도 같다. 극 중에서 소위 최상류층 엄마들은 자식을 서울대 의대에 합격시키기 위해 물불 가리지 않는 처절한 입시전쟁을 치른다. 억대 보수를 받는 입시 코디네이터의 철저한 스펙 관리하에 사육되는 아이들의 모습이 과장이라 느껴지지 않는 건 사교육 공화국이라 불리는 대한민국의 교육 현실과 별반 다르지 않기 때문이다.

0.1퍼센트에 해당하는 수학·과학 영재들이 택하는 가장 안전한 길은 의대 진학이다. 영재학교와 과학고등학교 졸업생들의 의대 계열 진학은 문제시될 정도다. 서울과학고는 의학계열 진학자 수가 특히 많았던 학교다. 2016~2019년도 졸업생 중 의학계열에 진학한 학생이 전체 졸업생 457명 중 104명으로 5명 중 1명에 달했다. 일반고 우수생들의 의대 쏠림 현상 역시 심각하다.

그런데 안전한 길만을 택하기엔 세상이 너무나 빠르게 변화하고 있다. 심지어 대학 학위 무용지물 시대가 예고되고 있으며, 미국 내 절반의 대학이 10년 내에 파산할 거라는 예측도 심심치 않게 들린다. 그뿐인가. 세상은 AI와 로봇, 인간의 공존을 모색할 정도로 급변하고 있다. 화성식민지 프로젝트, 우주여행 패키지 상품 출시 등 공상과학 속 이야기가 머지않아 현실이 될 것이다.

급변하는 시대에 수십 년간 변하지 않는 우리의 서열화 교육과 줄 세우기식 입시는 미래사회를 살아갈 아이들에게 과연 어떤 영향을 미치게 될까? 긍정적인 영향을 미치지 못하리라는 것이 대체적인 의견이다.

다행스럽게도 최근 우리나라에서 '입시 기계'로 학창시절을 보낸 밀레니얼 세대 영재들이 안전한 길에서 벗어나 스타트업에 뛰어드는 모험을 감행하고 있다. 6시간 걸렸던 풍력발전기 안전 검사를 무인 비행체 드론으로 15분 만에 끝내는 기술을 개발한 니어스랩의 최재혁, 카카오톡 회계 서비스로 전국 66만 소상공인을 고객으로 확보해 '데이터 비즈니스'를 하는 한국신용데이터의 김동호, 돼지고기 유통경로를 4일로 줄여 '초신선 돼지고기'를 제공하는 정육각 김재연과 새벽배송 시장을 연 마켓컬리 배슬아가 그들이다.

사업 분야나 활용 기술은 제각각이지만 이들은 모두 본인이 원하는 삶을 찾기 위해 고민했고, 무엇을 해야 하는지 스스로 생각하고 선택했다는 공통점이 있다. 그들은 남들과 다른 선택을 통해 새로운 길을 개척했기에 경쟁에서 벗어날 수 있었다.

IT 분야에서도 새로운 흐름이 시작되고 있다. 불과 몇 년 전만 해도 '코딩 열풍'이 거셌다. 하지만 이제는 '노 코딩, 로우 코딩'의 시대, 즉 사람이 코딩할 필요성이 사라진 시대다. 인간은 컴퓨터가 수행하기 원하는 모든 것을 평소 사용하는 말과 글로 설명할 수 있다. 이제 코딩은 도구에 불과하다.

켈로그경영대학원 로버트 월코트Robert Wolcott 교수는 중요한 것은 코딩이 아니라고 말한다. "인간이 해야 할 일은 컴퓨터가 풀어야 할 문제를 정의하고 우선순위를 정하는 것이다. 기술이 무엇이든 할 수 있는 시대에 중요한 것은 '무엇을 해야 하는지, 그리고 왜 해야 하는지'가 될 것이다." 즉 코딩 자체보다는 문제를 식별하고 정의하는 '사고력'이 더 중요하다는 말이다.

인공지능 시대에 인간만이 할 수 있는, 혹은 인간이 더 잘할 수 있는 일이 무엇인지 고민하는 것은 필요한 일이다. 그러한 고민과 사색 안에서 우리는 다시 인간다움을 느끼게 될 테니.

참고 자료

「공과대학은 발전하고 있는가? 대학의 위기 / 반성과 각오 / 전망과 대책」, 서울대학교 공과대학교 백서, 1991 | 「좋은 대학을 넘어 탁월한 대학으로」, 서울대학교 공과대학교 백서, 2015 | 「추종자를 넘어 선도하는 대학으로」, 서울대학교 공과대학교 백서, 2016 | 「서울대 공대의 참회록 "이대로라면 한국대학 침몰"」, 《매일경제》, 2016년 12월 21일 | 「'한국 0 vs 일본 24'… 日이 노벨상에 강한 진짜 이유는?」, 《매일경제》, 2020년 10월 3일 | 「말레이시아에 밀린 한국대학들, 서울대 14위 역대 최저」, 《조선일보》, 2020년 12월 8일 | 「서울과고생, 의대 지원만 해도 불이익」, 《동아일보》, 2019년 12월 3일 | 「코드 한 줄 쓰지 않고 코딩하게 해주는 회사」, 《티타임즈》, 2020년 10월 13일 | 「"수학문제 풀듯…" 의사·교수 버리고 창업 나선 영재들」, 《조선일보》, 2020월 11월 14일

HOMO

PART

4

질문하기

호모콰렌스,
질문 없는 A+인생을 사는 당신에게

QUAERENS

이상한 연극

하브루타 학습법, 질문과 답

위대한 질문

아무것도 모르는 철학자

HOMO QUAERENS

15

이상한 연극

ON AIR 20200622

질문은 뜻밖의 놀라운 결과를 선사한다

1957년 미국 캘리포니아주에 위치한 샌 퀜틴 주립 교도소.
죄수들을 위한 문화행사로 연극이 상영될 극장의 무대 위.
그런데 별다른 무대장치가 없다.
막이 오르고 연극이 시작되자
사람들의 웅성대는 소리가 들린다.
"어 저게 뭐지? 내가 알던 연극이 아닌데?"

연극이 시작되고 죄수들의 눈에 보인 것은
텅 빈 무대 위 앙상한 가지를 드러낸 나무 한 그루와
나무 옆으로 등장한 두 명의 남자.

'고도'라는 사람을 50년째 기다리는 두 남자의 대사는
이렇다.

"자, 가자,"
"갈 수 없어."
"왜?"
"고도를 기다려야지."
"만일 안 오면?"
"내일 다시 와야지."
"그 뒤에도 계속?"
"말하자면… 그가 올 때까지 말이야."

처음부터 끝까지 두 사람의 대화로 채워진
무미건조한 연극은
특별한 줄거리도 극적인 사건도 없다.
그런데 공연 도중 1,400여 명의 고함소리가 무대를 가른다.
"고도는 바깥세상이다!"
"고도는 자유야!"
죄수들은 기립박수를 치며 눈물을 흘린다.
고도를 향한 두 남자의 긴 기다림은

석방을 향한 죄수들의 긴 기다림과 같았던 것이다.
'고도는 신이다.'
'고도는 행복이다.'
'고도는 죽음이다.'
고도에 대한 해석은 그 연극을 본 사람 수만큼이나 다양하다.

"고도는 도대체 누구입니까?"
"왜 고도를 기다리는 거죠?"
그 질문에 대해 작가인 사뮈엘 베케트는 이렇게 말했다.
"그걸 알았다면 작품 속에 써놓았을 겁니다."

읽는 사람에 의해 비로소 완성되는 이 이야기는
대상은 막연하지만 기다림은 명확한 우리의 삶을 상징한다.
삶 속에서 누군가를 또 무언가를 끊임없이 기다린다는 것은
오늘을 버티게 하는 힘이자
내일을 기대하도록 만드는 힘이다.

모두가 기다리지만 끝까지 나타나지 않는 '고도'.
그 대신 모두의 마음속에 한 가지 질문이 남는다.
'당신의 고도는 누구입니까?'

우리는 모두 다른 고도를 만난다

1969년 노벨문학상을 수상한 희곡 『고도를 기다리며』는 현대 연극의 대명사로 자리 잡은 지 오래다. 1953년 파리에서 초연된 후 전 세계에서 가장 많이 공연된 작품 중 하나다. 두 부랑자 블라디미르와 에스트라공은 50년 동안 오지도 않는 고도를 계속 기다리고 있다.

한없이 고도를 기다리는 이들의 모습은 곧 현대인의 비극적 초상이라 일컬어진다. 왜 비극적이라는 걸까? 고도는 영원히 오지 않을 것이기 때문이다. 헛된 기다림을 끝없이 반복하는 현대인의 삶도 이와 다를 게 없다. 구원의 희망을 잃은 자들의 실존적 허무감은 그래서 수십 년이 지나도 많은 이들의 공감을 자아내는 것이다.

'고도는 누구인가?' 이는 모든 현대인의 삶에 던져진 질문이다. 그것이 누구인지 혹은 무엇인지 그 답을 찾아가는 것이 오늘을 버티는 힘이자 내일을 기다리는 희망이 아닐는지. 그런데 소설가 장정일은 『고도를 기다리며』를 두고 '고도는 누구인가', '고도는 왜 오지 않는가', '언제까지 고도를 기다려야 하는가' 같은 질문은 그만두라고 말한다. 대신 질문을 바꾸라고 조언한다.

"고도가 왔을 때 '우리에게 고도를 알아볼 능력이 있는가?', '우리에게 진짜 고도와 가짜 고도를 구별할 능력이 있는가?'라고 고쳐 묻자. 그럴 때 이 연극에 숨겨진 진정한 절망이 나타난다. 인간의 근원적 절망은 고도가 오지 않는 따위에 있지 않고, 고도가 우리 앞에 나타나더라도 그를 알아보지 못하는 무능력에 있다."

그의 질문은 고도가 내 앞에 다가와도 알아볼 능력이 없는 현대인의 부조리함을 지적한다. 다시 한번 나의 '고도'를 생각하게 한다. 이처럼 질문은 내 안에서 끊임없이 또 다른 질문이 떠오르게 하고 잊고 있던 혹은 몰랐던 나의 삶의 의미와 가치까지 떠오르게 만든다. 하지만 우리 안의 질문은 점점 사라져가고 있다.

우리는 질문이 아니라 더 빨리 더 정확하게 답을 내는 것을 더 중요하게 생각하는 시대에 살고 있다. 심지어 질문도 누구나 답을 낼 수 있는 것이어야 한다. 영원히 답을 구할 수 없는 질문에는 아무도 귀 기울이지 않는다. 철학자 최진석은 '나는 지금 어떤 꿈을 꾸고 있는가' 자문해보라고 제언한다. "나는 지금 어떤 꿈을 향해 나아가는가. 내가 꾸는 꿈은 지금 어디에 가 있는가. 이러한 질문에 인간과 사회를 독립적으로 만드는 매우 큰 힘이 있다."

자, 이제 두 가지 질문을 해보자. '내가 기다리고 있는 것은 무엇인가?' 그 답을 구했다면 다음 질문이다. '그것이 내 앞에 다가왔을 때 알아차릴 능력이 있는가?'

컴퓨터는 답을 주고 사람은 질문한다

2016년 이세돌 9단과 알파고의 대국은 전 세계의 이목을 집중시켰다. 총 다섯 차례 대국에서 알파고는 네 차례 승리를 거뒀다. AI가 인간의 지적 능력을 능가하는 순간, 인류는 경악했다. 더 이상 SF 속 상상이 아니기 때문이다. 특히 '인간의 수가 아닌 수'를 둔 알파고의 승리는 인간의 우월성에 대한 믿음을 완전히 깨뜨렸다. 대국 이후 이세돌 9단은 "AI의 등장이 바둑에 대한 본질적인 의문을 떠오르게 했다"고 말했다.

AI는 인간의 고유한 지적 창작 영역으로까지 영향력을 확대해 글쓰기까지 가능해졌다. 일론 머스크가 선보인 AI 'GPT-3'는 인간처럼 문장을 만들어낸다. 인터넷 문서와 책, 위키피디아 등 방

AlphaGo

대한 언어 데이터를 수집하여 인간의 언어 패턴을 익히게 하고, 이를 바탕으로 질문에 따라 인간이 답할 확률이 높은 단어들로 문장을 구성하여 출력한다. 키워드와 주제를 집어넣으면 신문 기사, 칼럼, 소설 등도 만들어낸다.

GPT-3가 운영하는 게시판에 고민을 남기면 따뜻한 조언을 건네주고, 이와 연결된 위키피디아에 키워드를 입력하면 방대한 자료를 찾아 보고서로 요약해준다. 또한 셰익스피어, 에리히 프롬 등 작가나 위인이 작성한 책과 글을 모두 학습시키면 그들과 가상의 대화를 나눌 수도 있다. 마이크로소프트는 GPT-3에 1조 원을 투자해서 상업용 판권을 확보한 것으로 알려져 있다. 인간에 버금가는 창작 능력을 지닌 AI가 나오는 시대, 인간이 기술을 활용하면서 인간다움을 잃지 않으려면 어떻게 해야 할까?

"목적 없이 인터넷을 헤매면 유튜브에서 개와 고양이 동영상만 보게 될 것이다." 세계적인 석학 유발 하라리Yuval Harari의 말이다. 이 문장에서 '목적 없이'는 '질문을 잊고'라는 의미로도 생각할 수 있다. 유발 하라리는《조선일보》와의 인터뷰에서 "기술에 통제되지 않기 위해서는 어떻게 해야 하나?"라는 기자의 물음에 '질문을 멈추지 말라'고 답한다. "목적 달성을 위해 부차적으로 기술을 사용하는 것은 좋지만, 사용 목적 자체를 기술에 명령받는 건 안 될 일이다. 그러므로 항상 물어야 한다. 내 삶의 목적은 무엇인가? 내가 삶에서 진정으로 원하는 것은 무엇인가? 기술이 우리 생을 납치하면 우리는 기술의 노예가 된다."

"컴퓨터는 답을 주고, 사람이 할 일은 질문하는 일"이라는 《와이어드》 편집장 케빈 켈리의 말처럼 지식과 데이터가 넘치는 오늘날 질문의 존재감이 그 어느 때보다 크다.

참고 자료

사뮈엘 베케트, 『고도를 기다리며』, 홍복유 옮김, 문예출판사, 2010 | 임준서, 『반연극의 계보와 미학』, 살림출판사, 2004 | 「장정일 칼럼: 고도를 기다리지 말자」, 《한국일보》, 2019년 5월 30일 | 「김지수 칼럼: 질문하는 인간」, 《조선비즈》, 2020년 3월 18일 | 「인간 정신 활동의 비밀, AI가 봉인 풀 수 있을까」, 《중앙일보》, 2020년 12월 7일

HOMO QUAERENS

16

하브루타 학습법,
질문과 답

ON AIR 20200909

이천 년을 이어온 하브루타 교육의 저력

하버드대학의 유대인 학생에게 한 취재 기자가 물었다.
“입학시험이 어렵지 않았나요?”
그러자 학생은 웃으며 이렇게 말했다.
“아버지의 질문보다 쉬웠어요.”

세계 최고의 권위를 인정받는 물리학자 알베르트 아인슈타인,
정신분석학자 지그문트 프로이트, 정치학자 헨리 키신저,
페이스북 창업자 마크 저커버그, 영화감독 스티븐 스필버그,
전 연방준비제도이사회 의장 앨런 그린스펀,
역사학자 유발 하라리.

이들의 공통점은 모두 유대인이라는 것과
하브루타 교육을 받았다는 것이다.

세계 인구의 0.2퍼센트에 불과하지만
역대 노벨상 수상자의 22퍼센트가 유대인인 이유도
바로 하브루타의 질문하는 공부법에 있다.

미국 뉴욕에 위치한 유대인 종합 대학 예시바대학교.
시끄러운 소리로 가득 찬 이곳은 놀랍게도 대학 도서관이다.
언뜻 보면 상대에게 화가 나서 따지는 것처럼 보이지만
학생들은 2,000년 전통의 유대인 학습법 '하브루타'를
실천하고 있다.
예시바대학교 에드위처 호프만 교수는
'유대인들의 공부는 책을 읽는 게 아니라
상대방과 자신의 의견을 공유하고 대화하는 것'이라고
말한다.

하브루타havruta는 '친구'라는 뜻의 히브리어 '하베르'에서
유래된 말로 원래 토론을 함께하는 '짝'을 의미하지만
서로 짝을 지어 질문하고 대답하면서 생각을 나누는

유대인의 전통적인 토론법을 의미하는 말로 확대되었다.
토론이라고 해서 거창한 것이 아니다.
책, 기사, 영화, 학교 등 다양한 주제로 질문하고 이야기하며
스스로 생각의 지평을 넓히며
표현력과 창의력을 키우는 대화법이다.

기원전 400년경
유대인들의 성경 『토라』가 완성되고 수정이 금지되자, '일상 속에서 어떻게 실천하는 것이 토라 정신에 맞는 걸까?'에 관한 학자와 랍비의 논쟁이 시작되었다.
그 과정에서 찾아낸 가장 적절한 토론법,
그것이 바로 하브루타 학습법이다.
아무도 소외되지 않고, 어디서나 활발하게 토론할 수 있도록
두 명씩 짝을 지으며 시작된 2,000년 전통의 학습법.

끊임없이 질문하는 부모 덕분에
하브루타를 몸으로 익힌 아이들은
학교에 가서는 동년배 친구와 짝을 이루어
질문과 토론을 하며 배움의 즐거움을 몸소 느낀다.
사회에 나가서는 단단한 사유의 힘과 창의력으로

크고 작은 시련에도 쉽게 흔들리지 않으며
자신만의 길을 찾아나선다.

이것이 하브루타 교육을 받은 이들이
전 세계 과학·예술·IT·경제계의 리더인 이유다.

유대인들의 공부는
책을 읽는 게 아니라
상대방과 자신의 의견을
공유하고 대화하는 것

Why에 대한 잡스의 집착, 차이와 혁신의 근원

"학교가 끝나면 대부분의 어머니는 '오늘은 무엇을 배웠니?' 라고 묻는다. 하지만 나의 어머니는 늘 이렇게 물었다. '오늘은 선생님께 어떤 좋은 질문을 했니?' 바로 이 차이가 나를 과학자로 만들었다."

유대인 노벨 물리학상 수상자 이시도어 라비Isidor Rabi의 말이다. 이처럼 질문을 중요시하는 유대인 가정교육의 전통은 질문 속에서 진리를 찾아가는 하브루타 학습법에서 비롯되었다. 유대인들은 어릴 때부터 나이와 성별, 계급에 차이를 두지 않고 두 명씩 짝을 지어 공부하며 논쟁을 통해 진리를 찾아간다. 이때 부모와 교사는 학생이 마음껏 질문할 수 있는 환경을 만들어주고 학생이 스스로 답을 찾을 수 있도록 유도하는 역할을 한다.

"왜 그렇게 생각했죠?", "그 생각의 근거가 뭐예요?", "또 다른 이유가 있나요?" 학생들은 한 가지 주제에 대한 모든 가능성을 찾기 위해 서로 수없이 질문하며 사력을 다해 격렬히 토론한다. 그렇게 그들은 질문하고 토론하는 과정에서 다층적으로 지식을 이해하고 문제를 해결한다. 또한 하나의 주제에 대한 찬반양론을 동시에 경험하면서 새로운 아이디어와 해결법을 찾아낸다. 이러한 질문과 토론을 통한 학습이 오늘날 유대인들의 창의성의 근간이 되었다. 세상을 뒤흔드는 혁신과 변화의 중심에 유대인이 있는 이유도 바로 여기에 있다.

스티브 잡스Steve Jobs는 무엇을 만드느냐가 아닌 '왜 만들어야 하는지'에 집중했다. 그의 동반자였던 팀 쿡Tim Cook도 잡스가 'Why'에 얼마나 집착했는지에 대해 말했다. "그는 왜 그런 결정을 내렸는지에 대해 끊임없이 이야기했다. 그가 젊었을 때는 주변 사람들에게 아무런 설명 없이 그냥 뭔가를 실행하곤 했다. 하지만 시간이 갈수록 그는 나를 비롯해 다른 사람들과 더 많은 시간을 보내며 자신이 왜 그렇게 생각하는지, 왜 그렇게 했는지, 왜 그런 의견을 갖고 있는지에 대해 설명하는 데 많은 시간을 할애했다." 스티브 잡스는 자신의 동기와 목적, 신념을 담은 '왜'를 전파하는 수단으로 '무엇'을 선택한 것이다. 애플의 혁신에 대한 전 세계인의 열광에는 이유가 있다.

"다른 것을 생각하라(Think Different)." 스티브 잡스의 이 말은 '왜'라는 질문 없이는 실현 불가능하다. 경쟁 대신 독점을 이뤄낸 그의 경영 전략은 자신만의 질문을 찾고 그 질문에 집중한 결과물이다. 영국의 철학자 프랜시스 베이컨Francis Bacon은 "질문으로 파

"그는 왜
그런 결정을
내렸는지에 대해
끊임없이 이야기했다."

고든 사람은 이미 문제의 해답을 반쯤 얻은 것과 같다"라고 말했다. 생각의 끝에 질문이 떠오르고, 질문의 끝에서 남들이 보지 못하는 숨은 속성을 찾아낼 수 있는 혜안을 얻는 것, 이것이 질문의 목적이다.

소년원 아이들의 삶을 바꾼 다짐보다 위대한 질문

경력 28년의 구하현 서울소년분류심사원 계장. 그는 지난 5년간 2,000명이 넘는 아이들을 조사했다. 그 과정에서 그는 '달라지겠다'는 약속을 믿고 재범 위험성을 낮게 평가했던 아이들이 또다시 범죄를 저지르고 심사원에 오는 경우가 비일비재하다고 말했다. "이곳에 온 아이들은 백이면 백, 술 담배 끊고 가출도 안 하고 재범도 안 하겠다고 말하지만 나갔을 때 주변 환경이 그대로면 또다시 범죄를 저지를 위험성이 큽니다."

한 아이는 무려 일곱 번이나 재범을 하고 그의 앞에 섰다. 그는 실망했지만 아이를 포기하는 대신 "여덟 번째 다시 오지 않으려면 무엇을 해야 할지 함께 고민해보자"며 이야기를 나눴다. 그

후 아이들에게 "넌 꿈이 뭐니?"라고 질문하기 시작했다. 그리고 자신의 미래를 고민하여 노트에 꿈과 상담 날짜, 이름을 적어보도록 했다. 그의 책상 한쪽에는 그렇게 쓰인 수백 명 아이들의 꿈이 담긴 노트가 쌓여가고 있다. "넌 꿈이 뭐니?"라는 질문은 아이들에게 '다시 소년원에 오지 않겠다'는 다짐을 받아내는 것보다 훨씬 더 큰 동기부여가 되리라는 게 그의 생각이다.

삶을 바꾸는 가장 능동적인 계기는 칭찬이 아닌 질문인지도 모른다. 질문하지 않고 얻은 앎은 내 것이 될 수 없고 지속가능한 변화도 이루어낼 수 없다. 『논어』의 「위령공」 편에 이런 말이 나온다. '어떻게 하지?'라고 말하지 않는 자는 나도 어떻게 할 수가 없다(不曰, 如之何如之何者, 吾末如之何也已矣)." 스스로 의문을 갖고 답을 찾기 위해 노력하지 않는 사람은 도움조차 받을 수 없다는 말이다.

'어떻게 하지? 어떻게 하지?'라는 질문은 스스로 방법을 찾으려고 깊이 고민하는 자만이 할 수 있다. 또한 '어떻게'라는 질문을 거듭하는 사람에게는 분명 도움의 손길이 찾아온다. '어떻게 살아야 할까?', '어떻게 해야 이 고난을 극복할 수 있을까?' 질문하며 깊이 고민하는 사람은 인생의 주인이라 할 만하다.

대부분의 사람들은 나이가 들수록 질문을 꺼리고 누군가의 질문에도 깊이 고민하지 않는다. 세상에 대한 관심이 줄어들고 삶은 갈수록 팍팍해지기 때문이다. 나에게 질문을 해오는 이도 없고, 나 역시 스스로에게 그리고 타인에게 묻기를 꺼린다. 묻는 것이 두려워질수록 삶은 생기를 잃고 고립되기 쉽다. 어른이 되면 경험으로 얻은 지식이 만들어낸 선입견에 사로잡혀 세상의 많은 현상에 대해 더 이상 궁금증을 갖지 않는다. 어린아이들이 매일같이 수많은 질문을 통해 부모와 소통하고 세상을 향해 걸음을 내디디는 것을 보면 이는 더욱 선명해진다.

참고 자료

DR하브루타교육연구회, 『하브루타 질문수업』, 경향BP, 2016 | 「미국을 'WHY' 신드롬에 빠트린 주인공」, 《포브스》, 2018년 12월 23일 | 「"넌 꿈이 뭐니?"… 소년범 2,000명 조사한 구 계장이 던진 질문」, 《서울신문》, 2020년 11월 18일 | 「이덕일의 천고사설: 스승의 길」, 《한국일보》, 2015년 8월 6일 | 최진석, 『생각하는 힘, 노자인문학』, 위즈덤하우스, 2015 | 문영미, 『디퍼런트』, 박세연 옮김, 살림BIZ, 2011

HOMO QUAERENS
17
위대한 질문
ON AIR 20180719

Newton, 1795, William Blake, Colour print finished in ink and watercolour

세상을 바꾼 건 정답이 아닌 질문

"엄마, 하늘은 왜 파래?"

"아빠, 구름은 왜 날아?"

우리는 모두 '왜?'와 친했던 적이 있다.

하지만 학교에 들어가 입시 교육에 생각이 닫히고

사회생활을 하며 말문이 막히더니

찾고 있는 건 오직 '정답'뿐이다.

빨리빨리 정답을 찾는 사람에게만 기회가 주어지는 세상에서

잠시만 샛길로 빠지거나 쉬어도 경쟁에서 도태되고 만다.

그러니 '왜?'라는 물음은 사치다.

1665년 영국에서는 흑사병이 대유행했다.
이때 케임브리지대학을 다니고 있던 아이작 뉴턴은
학교의 휴교령에 따라 고향으로 내려가
사색의 시간을 갖는다.
2년 여 동안 과학과 철학에 대한 깊은 탐구를 거듭하던 뉴턴은
어느 날 사과나무 밑에서 세상을 바꾸는 발견을 한다.
"왜 사과는 아래로 떨어지는 걸까?"
질문을 하자 사과는 그에게로 와서 만유인력이 되었다.

"태양이 움직이고 있을까? 지구가 움직이고 있을까?"
코페르니쿠스의 이 질문은
왜 행성이 천체상을 역행하는가 등의
의문에서 출발해 태양을 중심으로 지구도 회전한다는
지동설에 도달했다.
지동설 주장은 발표되고 440년이 지난 뒤에야
로마 가톨릭에서 공식적으로 인정받았다.

"우리는 왜 이 제품을 만드는가?"
스티브 잡스는 이 질문으로 세상을 바꾸는
게임 체인저가 되었다.

'무엇을, 어떻게 만드는지'에 대한 정답이 아니라
'왜?'라는 질문만이 탄생시킬 수 있는 혁신이었다.

동서고금을 막론하고 세상을 바꾼 건
정답이 아닌 '질문'이다.
하지만 우리 사회에서 질문이 사라지고 있다.
"내가 진짜 되고 싶은 건 뭐지?"
질문할 시간도 없는 나, 너 그리고 우리.

"곧 죽을 상황에 처해 단 1시간이 내게 주어진다면
나는 질문을 찾는 데 55분을 할애할 것이다.
올바른 질문은 답을 찾는 데 5분도 걸리지 않게 한다."
아인슈타인의 이 말은
질문하지 않는 세상에 사는 우리들에게
가장 중요한 것은 질문을 멈추지 않는 것임을 알려준다.
그의 말처럼 '질문은 정답보다 중요하다.'

GALILÆI GALILÆI LYNCEI
Dialogi, tam eos quos edidit
DE SYSTEMATE MUNDI
quam quos
DE MOTU LOCALI.
Aristoteles

세인트존스대학의 특별한 교육 철학

"질문하라, 그 과정에서 스스로 배움을 얻어라."

이는 우리 삶을 관통하는 중요한 메시지이자, 미국 세인트존스대학의 교육철학이다. 매년 학기 초, 세인트존스대학의 학생들은 수강 신청 전쟁을 치르는 대신 각 학년별 고전 필독서 목록을 마주한다. 고전을 읽고 토론하는 이 학교의 수업은 '단순한 생각을 넘어선 깊은 생각, 즉 진짜 생각을 하게 한다'는 점에서 남다르다. 토론은 몇몇 똑똑한 학생들이 주도하는 게 아니다. 학생들 스스로 질문과 토론 속에서 답을 찾아가기 때문에 누구나 깊은 사고력을 키워나갈 수 있다.

또한 만일 당신이 유클리드의 『기하학원론』을 읽고 있다면 세인트존스에서 듣게 될 첫 마디는 '유클리드의 정의 3번, 선의 양 끝은 점이다. 이에 동의하는가?'라는 질문이다. 이에 동의하는지, 동의하지 않는지에 대한 답을 찾으며 마주하는 수학의 매력은 더 이상 답만 찾던 그 수학이 아니다. 세인트존스의 학생들은 이런 질문을 통한 수업으로 '수학은 인간의 지성을 윤택하게 하고 세상을 이해하는 데 있어 꼭 필요한 부분'이라는 것을 스스로 깨닫는다. 이것이 세인트존스가 학생들에게 바라는 것이고, 교육의 목표다.

남다른 질문에서 남다른 꿈을 찾을 수 있다. 질문이 없는 삶은 차별화가 불가능하고, 차별화 없이는 급변하는 환경 속에서 새로운 기회를 찾을수 없다. 코로나19로 우리 삶은 유례없는 예측불허의 상황에 빠졌다. 경기 불황으로 인해 주로 서비스직에 종사하는 2030세대의 취업전선에도 비상이 걸렸고, 베이비부머의 은퇴 전선에도 이상이 생겼다. 정년퇴직을 앞둔 이들은 조기 퇴출을 걱정해야 할 뿐 아니라, 언택트 직업의 증가와 4차 산업혁명의 본격화로 새로운 능력을 겸비하지 않으면 새로운 일자리 찾기도 어려울 전망이다.

이처럼 예측 불허의 시대에는 변화를 호기심 어린 시선으로 바라보고 거기서 새로운 기회를 엿보는 능동적인 태도가 중요하다. 무엇보다 지금은 '코로나 이후, 우리는 어떻게 살아나갈 것인가?'라는 질문에 각자 답해야 한다. 이 질문에 관심조차 없거나 그저 절망만을 느끼는 이도 있겠지만, 어떤 이는 '또 다른 기회'라는 답을 찾기 위해 그 질문에 골몰해 있을 것이다.

기회는 질문하는 자의 몫이다. '왜?'라는 질문이 없는 삶에서 새로운 가능성을 찾을 수는 없기 때문이다. 질문이 없다는 건 답을 구할 수 없다는 걸 의미한다. 인간은 완성된 존재가 아니라 꾸준히 발전하는 과정으로서 존재한다. 그리고 그 과정에서 가장 중요한 것은 사유와 질문이다.

스타벅스는 아주 작은 '질문'에서 탄생했다

미국의 한 커피 원두 수입회사 직원이 이탈리아 밀라노로 출장을 갔다. 그곳에서 그는 미국과는 다른 커피 문화와 풍경을 목격한다. 이탈리아에서 커피는 단순한 음료 이상의 의미였던 것이다. 그는 스스로에게 물었다. "어떻게 해야 이탈리아와 같은 에스프레소 바를 미국에서 재현할 수 있을까?" 몇 년 뒤, 그는 또 하나의 질문을 떠올린다. "어디서나 1달러만 내면 마실 수 있는 커피를 왜 사람들은 호텔에서 몇 배나 되는 돈을 주고 마시는 걸까?" 그는 '커피를 즐길 수 있는 아늑하고 편안한 환경을 만들어야겠다'는 답을 생각해낸 후 자신만의 커피 가게를 오픈했다.

그는 오늘날 전 세계 3만 3,000여 개의 매장을 보유한 커피 브랜드 스타벅스의 하워드 슐츠Howard Schultz 회장이다. 그가 이 질문들을 던지지 않았다면 지금의 스타벅스는 존재하지 않을지도

모른다. 혁신가들의 공통점 중 하나는 바로 스스로 던진 질문의 답을 찾는 일에 주저함이 없었다는 점이다.

그뿐인가. 크고 위대한 발견과 발명, 혁신은 역시 아주 작은 질문에서 시작됐다. 갈릴레오, 아인슈타인, 뉴턴에서 스티브 잡스와 일론 머스크까지. 한 예로 갈릴레오의 이야기를 엿보자. 1609년 당시 개발되었던 망원경을 접한 갈릴레오는 이것을 개량해 매일 밤하늘을 관찰했다. 하늘에 무엇이 있는지, 정말로 우주가 둥근지 궁금해서다. 당시 주류 과학을 이끌던 아리스토텔레스는 천상계는 '에테르'로 된 완전한 세계라고 믿었다. 천체는 완벽한 구형이며 궤도 역시 완벽한 원이라는 것이다.

그러나 망원경으로 하늘을 관측한 갈릴레오는 달을 발견하고, 이후 목성을 관찰하다 목성 주위를 도는 위성을 발견한다. 이로써 모든 천체는 지구를 중심으로 회전한다는 기존의 관념을 전면적으로 뒤집는다. 그리고 이때부터 시작된 갈릴레오의 모든 탐구와 연구들은 이후 뉴턴에 의해 간명한 수식으로 정리된다. 그가 망원경을 개발하지 않았다면, 우주를 궁금해하지 않았다면 어땠을까? 지구가 둥글다는 것도, 지구가 회전한다는 것도, 또한 중력이 작용하는 법칙의 원리도 알지 못했을 수 있다.

오늘날 대다수의 사람들은 삶 속에서 질문을 외면한 채 살아간다. 질문하지 않는 사람들과 살아가는 데 점점 익숙해지면서 안정적인 삶을 살 수만 있다면 상관없다고 생각한다. 하지만 언제까지나 평탄한 길만 걸을 수는 없다. 때론 난관에 부딪혀 좌절하고 스스로 돌파구를 찾아야 하는 순간이 온다. 그럴 때 질문하는 삶을 살아온 사람이라면 새롭게 정한 삶의 방향대로 주저하지 않고 나아갈 것이다.

"의문을 지닌 채 현재를 살아라. 그러면 나도 모르게 먼 훗날 대답을 지닌 채 살아갈 날이 올 것이다." 독일의 시인 라이너 마리아 릴케Rainer Maria Rilke의 말처럼 질문하는 내면을 가진 사람의 의식은 미래를 향하고 있다. 삶을 바꿀 용기 또한 과거가 아닌 미래를 내다보는 시선에서 생겨나지 않을까.

참고 자료

「언택트 시대… 코로나가 바꾼 은퇴 생활」, 《국민일보》, 2020년 6월 12일 | 조한별, 『세인트존스의 고전 100권 공부법』, 바다출판사. 2016 | 박영준, 『혁신가의 질문』, 박영준, 북샵일공칠. 2017 | 하워드 슐츠·조앤 고든, 『온워드』, 안진환·장세현 옮김, 8.0, 2011 | 애슐리 반스, 『일론 머스크, 미래의 설계자』, 안기순 옮김, 김영사, 2015

HOMO QUAERENS

18

아무것도 모르는 철학자

ON AIR 20200831

質問遺憾

소크라테스의 질문 유감

돌출된 눈에 납작한 코, 두꺼운 입술에 불뚝 나온 배….
못생긴 외모에 기죽기는커녕
"나의 뭉툭한 코는 냄새를 더 잘 맡을 수 있다"라고 말하며
매일 같은 옷을 걸치고 맨발로 거리를 활보하던 철학자.

"나는 내가 아무것도 모른다는 사실만을 안다."
아는 것이 아무것도 없기에 마주치는 사람마다
수많은 질문을 던졌던
그는 고대 그리스의 철학자 소크라테스.

"자네는 정의가 무엇이라고 생각하는가?"
"강자의 이익이 정의입니다."
"강자도 물론 사람이겠지?"
"예."
"그럼 강자도 실수를 하겠군."
"그렇지요."
"그럼 강자의 잘못된 행동도 정의로운 것인가?"

그는 상대방이 대답을 못할 때까지 질문을 던져
모순에 빠지게 만드는 독특한 대화법인 산파법으로
상대방이 질문에 답을 하는 가운데
스스로 진리를 끌어내도록 도왔다.
마치 아이를 낳을 때 산모를 돕는 산파처럼 말이다.

당대 그리스에서 가장 번화한 도시 국가였던
아테네 사람들은 언제나 다양한 주제로 토론을 즐겼다.
그곳의 뛰어나기로 소문난 정치가, 과학자, 예술가 등
유명 지식인들 또한 소크라테스의 질문을 피할 수 없었다.
"지식이란 무엇인가?"
"무언가를 안다는 것입니다."

"안다는 것은 무엇인가?"
꼬리에 꼬리를 물고 이어지는 질문에
결국 대답하지 못하는 우스꽝스러운 모습이 연출되곤 했다.

소크라테스는 말한다.
"사람들은 무언가를 안다고 주장하지만
그것에 대해 확실한 지식을 갖고 있지 않다.
'그들은 자신이 모른다'는 것을 모르고 있다.
'너 자신을 알라!' 그래야만 너는 비로소 참된 앎을
찾아나서는 출발점에 서게 되는 것이다."

지식인들의 무지를 고발하는 그의 도발적인 행보에
젊은이들은 열광했다. 하지만 그와 대적하던 지식인들은
그를 모략했다.
"그는 도시가 믿는 신들을 믿지 않으며 젊은이들을
타락시켰다."
결국 500명의 배심원들은 그에게 사형선고를 내린다.
그때 소크라테스의 선택은 죽음을 피하는 것이 아닌
죽음에 대해 질문하는 것이었다.
"죽음이란 무엇인가?"

감옥에서 독배를 마시기 직전 소크라테스는
제자들에게 마지막 말을 남긴다.
“나는 사형을 받기 위해, 여러분들은 살기 위해…
그러나 어느 쪽 앞에 더 좋은 것이 기다리고 있을지는
신 외에는 아무도 모를 것입니다.”

스스로 단 한 줄의 기록도 남기지 않았지만
수천 년이 흐른 뒤에도
사람들에게 수많은 질문을 던지는 철학자.
그는 오늘도 우리들에게 묻는다.
‘과연 어떻게 살아야 제대로 된 삶인가?’

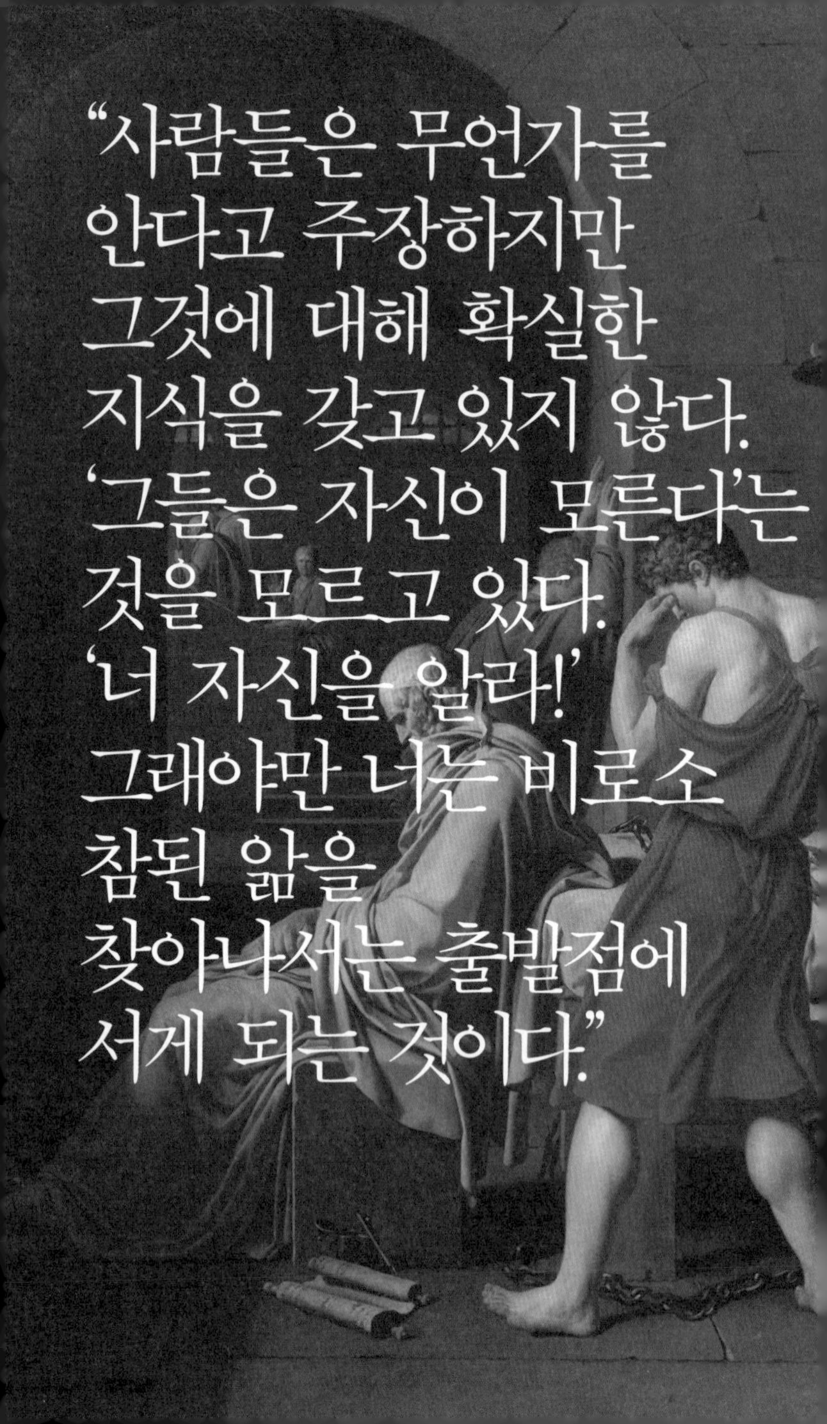

"사람들은 무언가를
안다고 주장하지만
그것에 대해 확실한
지식을 갖고 있지 않다.
'그들은 자신이 모른다'는
것을 모르고 있다.
'너 자신을 알라!'
그래야만 너는 비로소
참된 앎을
찾아나서는 출발점에
서게 되는 것이다."

The Death of Socrates, 1787, Jacques Louis David, oil on canvas

잡스가 소크라테스와의 점심을 갈망한 이유

"애플에서 개인적으로 배운 것 중 무엇이 가장 중요하다고 생각하나요?"

"좋은 질문이네요."

MIT대학 강연 후, 스티브 잡스는 한 학생의 질문을 받는다. 그런데 잡스는 학생의 질문을 칭찬한 뒤 바로 답을 하지 않는다. 잠시 어깨를 들썩일 뿐 골똘히 생각에 빠진 채 20초 동안 답을 하지 않는다. 이윽고 그가 꺼낸 답은 이것이다. "사람들을 좀 더 장기적인 관점으로 바라봅니다."

스티브 잡스의 질문을 대하는 신중한 태도는 평소 그가 질문을 얼마나 중요하게 생각하는지 여실히 보여준다. 잡스에게 질문은 새로운 세상의 문을 여는 열쇠와도 같았다. 그는 날마다 아침에 일어나 거울 속에 비치는 자신의 모습을 바라보고는 '내가 원하는 일을 하고 있는가?'라고 물어보라고 말했다. 이는 자신의 욕망에 대해 끊임없이 질문을 던지는 행위다. "저는 지난 33년간 매일 아침 거울을 보았습니다. 그리고 '만약 오늘이 내 인생의 마지막 날이라면, 오늘 내가 하려는 일을 과연 할 것인가'라고 물었습니다."

그는 날마다 이 질문을 통해 목적 없는 인생에 대해 자각했고, 지금 자신이 직면한 문제의 핵심을 간파하려 했다. 이처럼 스스로에게 던지는 질문은 마치지 못한 일을 마음속에서 쉽게 지우지 못하는 현상인 '자이가르닉 효과Zeigarnik effect'처럼 머릿속에서 떠나지 않고 생각의 불씨를 제공하는 것이다.

인문학의 중요성을 그 누구보다 강조했던 스티브 잡스가 "그와 점심을 함께할 수 있다면 우리가 가진 모든 기술과 바꾸겠다"고 말해 큰 화제가 된 적이 있다. '그'는 바로 소크라테스다. 잡스가 소크라테스를 숭배한 것은 인문학의 중요성을 그 누구보다 잘 알고 있었기 때문이다. 그는, 경영은 사람의 마음을 움직여 기업이라는 거대 조직의 변화를 이끄는 창조행위이므로 인간에 대한 이해가 선행되어야 한다고 생각했다.

특히 소크라테스의 산파술과 같은 질문하기를 자신의 삶과 경영 전반에 적용했다. 산파법은 지식을 외울 필요가 없다. 정보를 이해하고 파헤치는 과정 속에서 비판적 사고력과 창의력을 동반하는 사색이 이루어진다. 나아가 올바른 질문은 성장으로 이어지기도 한다. 소크라테스가 '나는 내가 모른다는 사실만을 알 뿐'이라고 말하면서 질문의 과정을 통해 진리에 도달할 수 있다고

잡스에게 질문은
새로운 세상의
문을 여는 열쇠와도
같았다. 그는 날마다
아침에 일어나
거울 속에 비치는
자신의 모습을
바라보고는
'내가 원하는 일을
하고 있는가?'라고
물어보라고 말했다.

믿었듯이, 스티브 잡스는 모든 것의 시작에는 질문이 있다는 생각으로 매일같이 스스로에게 '그 일을 왜 하는가?'라고 물었다. 나 자신과의 대화 그리고 타인과의 대화는 우리에게 크나큰 자극제가 되며 성장의 기회가 된다.

세계 유수의 대학이 궁극으로 원하는 것, 물음표를 통해 느낌표를 얻는 일

듀크대학의 피츠 시몬스 교수가 제시한 '질문 행동 효과'는 질문의 힘을 잘 보여준다. 그는 한 실험에서 학생들에게 "앞으로 두 달 동안 몇 번이나 운동을 할 예정이죠?"라고 물었다. 이 질문을 받은 그룹의 학생들은 훗날 평균 20.4회 운동을 했고, 질문을 받지 못한 그룹의 학생들은 13.9회 운동하는 데 그쳤다고 한다. 즉 '앞으로 어떻게 할 것인가?'에 대한 질문을 받는 것만으로도 행동이 달라지고 실행력이 높아진다는 것이다.

이처럼 질문은 일상의 크고 작은 일의 성과를 높이고 '사람을 움직이게 하는 힘'이다. 아울러 삶에 대한 본질적인 질문들은 통찰도 가능케 한다. 이런 질문을 통해 인간은 성숙해질 수 있다. 하루하루 주어진 일을 해내는 데 급급한 삶을 살면서는 정신적 성숙을 경험하기 어렵다. 하지만 본질적인 질문을 앞에 두면 다른 차원의 고민을 하게 된다.

사람은 위기와 시련을 겪을 때 성장한다. 이때 우리는 '왜 나에게 이런 일이 생기는 걸까?'와 같은 근원적인 질문을 스스로에게 던진다. 평상시에는 질문의 필요성을 전혀 느끼지 못하지만 무언가 해결해야 할 일을 앞에 두고선 질문을 할 수밖에 없다. 이때의 질문은 문제의 본질을 정확히 바라보고 해결책을 찾으려고 움직이게 하는 원동력이다.

하버드대학 교수의 졸업축사가 전 세계 수많은 사람들의 공감을 불러일으키며 책으로도 출간된 적이 있다. 제임스 라이언James E. Lyan 하버드 교육대학원 학장은 2016년 5월 하버드대 졸업축사에서 '인생을 행복하고 성공적으로 살기 위해 꼭 필요한 5가지 질문'을 제안했다. 이 글은 하버드대 페이스북 페이지에서만 당시 800만 뷰를 기록했고, 이후 『하버드 마지막 강의』로 출간되었다.

"하버드 졸업장을 갖게 된 여러분은 아마 세상의 모든 답을 구할 수 있다고 생각할 겁니다. 사회도 점점 더 즉각적인 답과 판단을 요구하고 있습니다. 하지만 나는 여러분이 즉답을 얻으려는 유혹에 저항하길 권합니다. 반대로 좋은 질문을 하기 위해 많은 시간 고민하십시오. 얼마나 좋은 질문을 하느냐가 얼마나 좋은 답변을 구하느냐를 결정합니다."

제임스 라이언 학장은 질문의 중요성을 언급하면서 학생들에게 5가지 질문을 제시한다. '잠깐, 뭐라고?', '그거 궁금한데?', '적어도 이렇게 해볼 수 있지 않을까?', '어떻게 도와드릴까요?' 이 질문들은 성공적인 인생, 다시 말해 나다운 삶을 살기 위해 꼭 필요한 질문들이다.

마지막 질문은 우리를 신념의 심장부로 데려가줄 '내게 진짜 중요한 건 무엇일까?'이다. 그러면서 평소에 이 5가지 질문을 습관처럼 하고 있다면 마지막 보너스 질문에 답할 수 있을 것이라고 말한다. 그것은 '그럼에도 당신은 이 삶에서 얻고자 하는 것을 얻었나요?'이다.

과연 우리는 인생을 살아가면서 이런 '질문'을 하고 있는가? 질문하는 인간 '호모 콰렌스Homo quaerens'의 본질과 태도를 다시 생각해볼 때다.

AI 시대, 인간으로서의 삶을 영위하고 지속해나가기 위한 차별점이자 유일한 도구는 '질문'이라고 해도 과언이 아니다. 질문은 창의적 발상의 근간이자 낯선 세상을 용기 있게 대면할 수 있는 무기다. 지금껏 수많은 혁신가와 리더들이 질문을 통해 그것을 증명해 보였다. 제아무리 예측 불허의 세상이라고 해도 질문하는 한, 인간은 배우고 성장해나갈 수 있다.

참고 자료

루이 앙드레 도리옹, 『소크라테스』, 김유석 옮김, 이학사, 2009 | 월터 아이작슨, 『스티브 잡스』, 안진환 옮김, 민음사, 2015 | 마셜 골드스미스, 댄 프라이스, 로웨나 버드, 『호모 코렌스』, 허병민 엮음, 서영조 옮김, 디뷰북스, 2017 | 「하버드대 교수의 내 삶을 바꾸는 5가지 질문」, 《타티임즈》, 2017년 4월 18일 | 제임스 라이언, 『하버드 마지막 강의』, 노지양 옮김, 비즈니스북스, 2017

그림과 사진 출처

4~5쪽 ©Maris Grunskis / Shutterstock.com | 14~15쪽 ©Nacho Mena / Shutterstock.com
20~21쪽 ©Efired / Shutterstock.com | 24~25쪽 ©pisaphotography / Shutterstock.com
33쪽 ©Nacho Mena / Shutterstock.com | 78~79쪽 ©CBW / Alamy Stock Photo
84~85쪽 ©Science History Images / Alamy Stock Photo | 88쪽 ©Jay Yuan / Shutterstock.com
115쪽 ©Aflo Co. Ltd. / Alamy Stock Photo | 132~133쪽 ©Alex Linch / Shutterstock.com
146~147쪽 ©dpa picture alliance / Alamy Stock Photo
158~159쪽 ©LEE SNIDER PHOTO IMAGES / Shutterstock.com
172~173쪽 ©Johnathan21 / Shutterstock.com | 184~185쪽 ©SariMe / Shutterstock.com
213쪽 ©keith morris / Alamy Stock Photo | 217쪽 ©Aflo Co. Ltd. / Alamy Stock Photo
226~227쪽 ©Glasshouse Images / Alamy Stock Photo | 230쪽 ©urbanbuzz / Shutterstock.com
243쪽 ©ZUMA Press, Inc. / Alamy Stock Photo

게재 허락을 받지 못한 사진은 저작권자가 확인되는 대로 허락을 받고 통례에 따라 사용료를 지불하겠습니다.

EBS 지식채널 ⓔ
생각의 힘

1판 1쇄 발행 2021년 7월 10일
1판 2쇄 발행 2021년 8월 25일

지은이 지식채널ⓔ 제작팀
해설 글 이숙 이선화

펴낸이 김명중
콘텐츠기획센터장 류재호 | 북&렉처프로젝트팀장 유규오
북팀 박혜숙 여운성 장효순 최재진 | 마케팅 김효정 최은영

책임편집 최서윤 | 디자인 박대성 | 인쇄 형제아트(주)

펴낸곳 한국교육방송공사(EBS)
출판신고 2001년 1월 8일 제2017-000193호
주소 경기도 고양시 일산동구 한류월드로 281 | 대표전화 1588-1580
홈페이지 www.ebs.co.kr

ISBN 978-89-547-5913-7 04300
ISBN 978-89-547-5415-6 (세트)